少年读史记

帝王之路

张嘉骅 / 编著　郑慧荷 / 绘图

青岛出版集团 | 青岛出版社

■ 写在前面的话

成为『大器』

西汉司马迁的《史记》一共一百三十篇,分"本纪"十二篇、"表"十篇、"书"八篇、"世家"三十篇、"列传"七十篇。

"本纪"记帝王世系,但纳入项羽、吕后和秦始皇先祖的故事。

"表"记历代大事所发生的时间,分世表、年表和月表。

"书"记文化制度,有礼书、乐书、律书、历书、天官书、封禅书、河渠书、平准书。

"世家"记王侯、功臣名相,而身为平民的孔子、陈涉两人,由于他们所做的事情堪比王侯,所以也放在世家里。

"列传"记各代人物的事迹,取材范围很广,所取人物遍及社会各个阶层。

司马迁呕心沥血写成的这部史书,最初的名字是《太史公书》，又叫作《太史公记》，后来才通称为《史记》。

　　本套书这一册的人物故事主要是根据《史记》中的"本纪"来加以编写，同时参考了"世家"和"列传"的相关篇章。由于《史记》中记载汉武帝事迹的《孝武本纪》只记载了汉武帝封禅、祭祀、求仙等事，没有涵盖其一生，为求完整，在写汉武帝的故事时本书参考了东汉班固《汉书》的《武帝本纪》等篇。

　　《史记》的《孝武本纪》与《封禅书》的内文相同。据了解，这是因为《孝武本纪》在当时就缺失了，后人只好用《封禅书》来补。

　　《孝武本纪》为什么会缺失了？历来的说法是：司马迁在这篇史传里秉笔直书汉武帝的若干重大过失，不被当时所接受，所以被抽掉了。有人认为司马迁在晚年还因此惹上杀身之祸。不过这只是一种猜测，至今无法证实。

　　司马迁是一位非常有胆识和勇气的史家。为了写《史记》，他忍辱偷生，付出了一生的心血。

　　本书选取了唐尧、虞舜、夏桀、商汤、商纣、周武王、周成王、秦始皇、西楚霸王项羽、汉高祖刘邦、吕后和汉武帝的事迹来写。由于周公是周武王、周成王时期的国之重臣，因此在写周武王、周成王的故事时，我采用周公的观点，也顺带介绍了周公的生平。

　　这一册书的书名叫作《帝王之路》。书名本是舜的故事的篇名，借它来作全书书名恰能统贯全书主题。"帝王之路"虽可以让人位登至尊，但其实并不好走。想成为帝王却还没成为帝王的，必须接受各种考验；已经成为帝王的，必须懂得经营，以稳居这个位置。不论前者还是后者，过程都一样艰辛。

　　向读者述说这些帝王或"准帝王"的故事，最主要的目的，是想跟年轻朋友们一起讨论"领导的艺术"，跟大家一起思考如何成为"大器"。

　　"大器"这个词很妙，一方面可指"国家""帝位"，一方面可指"有大才能、有出息的人"。尧将帝位传给贤人而不传给儿子；舜生长在"暴力家庭"，却丝毫不怨恨一直想置他于死地的父亲、继母和同父异母的弟弟，反而更加孝顺和友爱，他俩都是百分之百的大器！

　　从远古这样数下来，一直数到项羽和刘邦等人，"大器"的人越来越少。项羽不够大器，是因为他有勇无谋；刘邦不够大器，是因为他疑心病太重，老怀疑别人想背叛他，尽管他曾经非常懂得用人。

　　汉武帝从当上皇帝后就想成为尧和舜那样的人，可是他的作为却让后人老是拿他跟秦始皇相比。

　　汉武帝治理国家的毛病是"好大喜功"，而且他这个人很固执，不听人劝。他又很迷信，几乎一辈子都在求仙，被一些江湖术士骗得团团转。说实话，汉武帝的某些作为还真像秦始皇！满分如果是一百分，我给秦始皇打的"大器指数"是四十六分，给汉武帝打的"大器指数"便是五十九分。汉武帝之所以比秦始皇多十三分，是因为他晚年还懂得自我反省。不过，如果是以六十分作为及格标准，这两位帝王都不及格。

　　所谓"大器"，不是看你拥有多少土地和财富，也不是看你说一句话能调动多少兵马，而是看你到底能不能处理好"两个人"之间的关系，并把这"两个人"之间的关系所产生的效应发挥到极致。汉武帝看不清他和太子刘据之间的关系，导致太子自杀而死；看不清他和猛将李陵之间的关系，因而杀了李陵的整个家族；看不清他和钩弋夫人之间的关系，为避免自己过世后"主少母壮"的情况发生，赐死了钩弋夫人。这样当父亲、当主子、当丈夫，有什么"大器"可言？

　　读者阅读这些历史人物的故事，可以去思考一下这些历史人物是怎么处理事情的。想想过去，想想现在；想想别人，想想自己。所谓"以史为鉴"，大概就是这个意思。

　　祝大家都能成为"大器"！若能如此，那是天下之大幸！

张嘉骅

◆ 猛将难寻——刘邦称帝的故事　111

◆ 「人彘」的制造者——吕后的故事　127

◆ 一个帝王的欲求——汉武帝的故事　141

◆ 太史公牛马走——司马迁的故事　165

后记　历史中的『生命档案』　185

故事取材　188

目录

- 谁是接班人？——尧舜禅让的故事（一） 009
- 帝王之路——尧舜禅让的故事（二） 021
- 不能不打的仗——汤武革命的故事 033
- 一个被曲解的忠臣——周公摄政的故事 045
- 遥远的仙山——秦始皇的故事 057
- 彼可取而代也！——项羽创立霸业的故事 069
- 一场错过未来的宴会——项羽鸿门宴的故事 083
- 英雄末日——项羽四面楚歌的故事 095

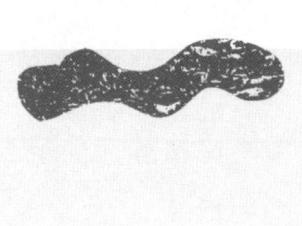

谁是接班人？
尧舜禅让的故事（一）

「禅让政治」是古代领导人选拔制度的典范。这种将帝位传贤不传子的做法，是基于「公天下」的理念，也就是不把君主的位子当作家产，而是当成天下人所共有的。

帝位该传给谁？

尧是陶唐时的帝王，他在位期间，深得人们的爱戴。

尧的年事已高，他抚着一把白胡子，望着平日坐的位子，心想："我在这个位子上已经坐得太久了，得找人来接班了！"

其实，早在许多年前，尧就曾经问过身边的大臣："你们觉得谁能够接替我的位子？"

大臣放齐说："您的大儿子丹朱很开明。"

尧一听，皱着眉头说："是这样吗？丹朱的修养不好，性情顽劣并且爱跟别人争吵，不能用。"然后又问，"还有谁可以？"

大臣讙（huān）兜（dōu）说："那共工呢？共工说话很有号召力，带领大家做了不少事情。他可以用。"

"哦，是吗？"尧表示怀疑，"共工的确很会说话，可是心思不正，他表面上看起来很恭敬，其实都在蒙骗老天。这个人也不能用。"

在尧那个时代的观念里，上天是必须尊敬的，不能欺骗。尊敬老天最好的方法就是修养自己的品德。共工表里不一，不注重自己的品德修养，就是在欺骗老天。尧虽然老了，但还没老到眼睛昏花、识人不清。

关于接班人，大臣推荐的两个人都被尧给否决了。只要是品行有问题，成为帝王的第一个条件就过不了关，就算是自己的亲生儿子或是众人所推崇的领导人物，也不能把帝位传给他。

帝位不传给丹朱和共工，那又该传给谁呢？

来自民间的孝子

尧决定要好好解决传位的问题。这一天，他召集四方的诸侯来开会，对他们说："啊！各方的诸侯，我当国君已经当了近七十年，也该找人来接班了。你们当中有谁可以顺应天命，接下帝位？"

"我们这些人德行浅薄，接了帝位，恐怕会糟蹋了这个位子。"诸侯们都有自知之明，回答得也很诚恳。

既然这样，那就退让一步。"好吧！"尧说，"那你们就推举一下。在贵族当中有没有可以接任的人呢？要不然，关系远一点儿的，甚至在民间的人才也行。"

听到这话，诸侯们互相示意，点了点头，向尧推荐了舜。

舜，生长在民间，当时正值三十岁，还没娶妻。他的母亲很早就过世了，瞎眼的父亲再娶，生下另一个儿子象。舜的父亲非常宠爱象，但他和再娶的妻子对舜很不好，经常想害他。

从小到大，舜遭受过很多次的陷害和惩罚，但他一直秉持着恭敬的态度，完全没有失去做儿子和做兄长的本分，因此在二十岁的时候，舜就以孝顺出了名。

"舜？"尧思索了一下，"我听过这个名字。他怎么样？"

"舜是一个盲人的儿子。他的盲人父亲既顽固又愚蠢，后母很不诚实，弟弟也不讲理。然而，舜却能用心地与他们和睦相处，引导他们好好做人，让他们不至于沦落到作奸犯科的地步。"一

个诸侯如实地向尧进行了描述。

这个诸侯的描述引起了尧的兴趣:"哦,是这样吗?我倒想试他一试!"

对舜的考验

尧盼望有人能够来接替他的位子,但他也知道挑选接班人绝不能有丝毫的马虎。舜到底是不是一个适合的人选,等他试过之后就会真相大白。不过,该怎么考验舜,尧倒是思考了很久。

据诸侯们说,舜还没有娶妻。尧就想出了一个法子,他对诸侯们说:"要不然这样好了,我把两个女儿都嫁给舜,看看他怎么治理家庭。能把家庭治理得好,那么治国也会有希望。"

于是,尧把自己的女儿娥皇和女英下嫁给舜。成了尧的女婿的舜带着两位夫人搬到妫(guī)水边去住,教她们勤俭持家、恪守妇道。两位夫人都没有因为自己出身高贵就怠慢舜家里的人,因此赢得了许多人的夸赞。

尧知道这些后,觉得很满意。接着,尧想试试舜怎么用人,就派了九名男子跟随他,借此观察他的行为。

当舜在历山耕种,那里的百姓都不会为了田地的边界而争吵。

当舜在雷泽捕鱼,那里的民众都会互相礼让捕鱼的地方。

当舜在黄河边制作陶器,那里所生产的陶器都是精雕细琢,不会粗制滥造。

舜每到一个地方,那个地方只要一年就能成为聚居地,两年就能成为小城市,三年就能成为大城市。

九名男子在舜的身边待的时间越久，对舜就越发敬重。

看到这种情形，尧高兴极了，于是赏给舜一把琴和一些用细葛布做成的衣服，并且为他盖了粮仓，还给了他一批牛羊。

"这个舜，的确不一样！"尧心想，"不知道他能不能办事？"

于是，尧又派任务给舜。他让舜到民间去宣扬人伦的重要性，让人们接受伦理的教化。舜很认真地教，确实让一般百姓产生了品格上的变化。

看到舜的一系列表现之后，尧下定决心要让舜参与政府部门的运作。他把舜找来，对他说："你到公家来做事吧！"

舜恭敬地回答："我一定会尽我最大的努力。"

舜没有信口开河，不管是在内政部门还是在外交部门，他都能把事情处理得井然有序。他和四方诸侯相处得十分融洽，也聪明地解决了四个凶恶氏族的问题，把他们迁徙到边远的地方，让他们抵抗更加凶恶的外敌。所谓"一物降一物"，再凶恶的人也会有他们的对手！

合适的人选

从诸侯推荐舜的时候算起，时间一晃便过去了二十年。尧原先只想用几年的时间来考验舜，没想到一试竟花了这么多年。

其实这些年来，尧早就改变了最初的心态，与其说在考验舜，不如说是在培养他。要是能为国家找到一个真正有品德、有才干的领导人，那么花二十年的时间来训练也不为过。

要当好一个国君，必须了解自己的国土。

有一天，尧对舜说："你到各处的山林、河川和湖泊去看看吧！看看哪里有自然灾害要防治，又有哪些自然资源可以利用。"

舜接受命令后，即刻动身。他来到一座高山时，遇到了一场罕见的特大暴风雨。

狂风怒吼，雷声隆隆，闪电像刀割似的划开天幕，大雨像盆里的水被倾倒出来般哗啦啦地直泻下来。大雨模糊了山，也模糊了路，给舜的行动带来了很大的障碍。可舜并没有在暴风雨中退缩，他勇往直前，最终完成了自己的使命。当舜平安回来后，尧很欣慰，认为舜果然智慧超凡，很有处理危机的能力，是到了该把帝位传给他的时候了。

于是，尧召见舜，对他说："你很会办事，说的话都做得到。从你管理四方诸侯的事务起，已经过了三年，现在也该接受帝位了！"

舜惶恐地说："啊！我没有那么好的德行可以当国君。"

尽管舜一再谦让，尧还是执意要把帝位传给他。

次年正月，尧祭告先祖，回家养老，让舜作为代理天子，实际掌管国事，并且让他到全国各地去巡视考察。

典范永存人间

尧从来没考虑过要让儿子丹朱继承帝位。

尧说过："让丹朱来接任国君的话，只对丹

朱一个人有好处，对整个天下不利；让舜来接任国君的话，只让丹朱一个人受损，但是对整个天下有利。"

这种将帝位传给贤能的人，而不传给儿子的作为，就叫作"禅让"。禅，是"传给别人"的意思；让，是"辞让、礼让"的意思。

舜的确是一个值得托付天下的人。他一直勤勤勉勉地为国家和人民做事，如此又过了八年。

而一直在家养老的尧即便把脚指头都用上，也数不清楚自己是一百一十六岁还是一百一十七岁。他觉得自己在人间的责任已经完成，该放下一切，彻底享受"自由"了。

一天，尧梦见自己的身体逐渐发热，慢慢飞升上天，接着融进耀眼的太阳里，成为阳光的一部分，然后又在黄昏的时候，飞散成一片片炫目的彩霞。

一代帝尧从此长眠。

服丧三年后，舜正式当上天子，改国号为虞（yú），是为帝舜。

三分钟读历史关键

在中国漫长的历史上，权力的转移总是不太平和。改朝换代之际，经常伴随着腥风血雨。

从这样的现象来看，发生在"五帝"[黄帝、颛（zhuān）顼（xū）、喾（kù）、尧、舜]时期的"禅让政治"，可说是古代权力转移的一种典范。

这种将帝位传贤不传子的做法，是基于"公天下"的理念，也就是不把帝王的位置当作家产，而是当成天下人所共有的，被大家公认最有品德和才干的人，才能执掌天下。

有句古语说："天下非一人之天下也，天下之天下也。"我们今天读《史记》记载的尧舜禅让的故事，应该思考"天下"一词的含意。

我们不是每个人长大后都会从事政治工作，也不是每个人都有机会当上国家的领导人。但是不论你从事的是什么领域的工作，我们都会遇到"公"与"私"的问题。一旦你遇到这一问题，你是不是也会像尧舜那样"大公无私"呢？

史记原典精选

尧立七十年得舜，二十年而老，令舜摄行天子之政，荐之于天。尧辟位凡二十八年而崩。百姓悲哀，如丧父母。三年，四方莫举乐，以思尧。尧知子丹朱之不肖❶，不足❷授❸天下，于是乃权❹授舜。授舜，则天下得其利而丹朱病❺；授丹朱，则天下病而丹朱得其利。尧曰："终❻不以天下之病而利一人。"而卒❼授舜以天下。尧崩，三年之丧毕，舜让辟丹朱于南河之南。诸侯朝觐者不之丹朱而之舜，狱讼者不之丹朱而之舜，讴歌者不讴歌丹朱而讴歌舜。舜曰"天也"，夫而后之中国践天子位焉，是为帝舜。

《史记·五帝本纪》

　　尧在位七十年找到舜，又过二十年因年老而退位，让舜代行天子政务，向上天推荐。尧让出帝位二十八年后逝世。百姓悲伤哀痛，如同死了父母一般。三年之内，四方各地没有人奏乐，为的是悼念帝尧。尧知道儿子丹朱不成材，不能把天下交给他，所以用变通的方式把天下交给舜。交给舜，那么天下得到利益，只有丹朱一人受损；交给丹朱，那么天下受损，只有丹朱一人得到利益。尧说："终究不可以损害整个天下的利益而让一个人得利。"最后把天下交给舜。尧逝世后，三年服丧完毕，舜把帝位让给丹朱，自己躲到了南河的南岸。诸侯前来朝觐的不到丹朱那里去却到舜这里来，打官司的也不去找丹朱却来找舜，歌颂功德的，不去歌颂丹朱却来歌颂舜。舜说"这是天意呀"，然后才到了京都，登上天子之位，这就是舜帝。

【注释】❶不肖：不像自己。肖，像、似。❷不足：不能。❸授：给予。❹权：用变通的方式。❺病：损害、受损。❻终：终究。❼卒：最后。

词语收藏夹

一、天下为公：天下是大家所共有的。

例句　为政者要有天下为公的胸怀，才不会汲汲营营于一己的私利。

二、选贤与能：选拔贤德，将政事托付给有能力的人。与，托付、交给。

例句　如果不是为了选贤与能，我们何必花那么多时间来选班长？

三、尧天舜日：像尧舜治国的那个年代那样，比喻太平盛世。

例句　希望我们的国家，能一直是尧天舜日的光景。

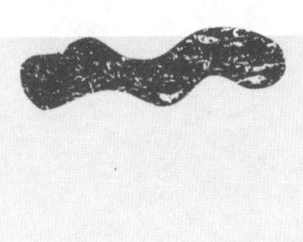

帝王之路

尧舜禅让的故事（二）

磨难和考验造就了舜的成功之路，这对我们每个人来说，也有同样的借鉴意义。唯有禁得起挫折和磨难的考验，才能获得最终的胜利。

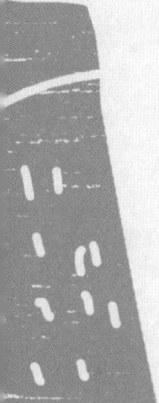

只有困境，没有绝境

舜被父亲设计谋害，困在井里出不来的时候，根本没想过这是他日后登上帝位的必经之路。

在那个时刻，他只是很着急，不知道该如何从这么深的井中逃出去。

舜的父亲是个盲人，大家都称他为瞽（gǔ）叟。

舜之所以被困，是因为瞽叟叫舜挖一口深井，当舜挖到几乎要出水的深度时，瞽叟便把井绳抽走了。在那个深井里，舜以为自己就此要葬身于此了。

类似的事情时有发生。有一回，瞽叟叫舜到粮仓的屋顶上去涂泥补漏，等舜一上到屋顶，他就撤去梯子，还在粮仓下放火。舜无处可逃，情急之下，靠着两顶斗笠，从屋顶跳下，幸运地逃过了一劫。

在幽暗的井底，舜万般苦思仍然想不通，世间的人和事居然有如此强烈的对比。

没见过几次面的国君对他那么好，除了把他招为女婿，还非常信任他，总是派重要的任务给他，并赏赐给他许多物品；而亲生的父亲，对他却是如此冷漠且怀有敌意，长久以来一直想置他于死地。

国君对舜如此信任，让舜的心中充满感激。至于父亲对他的伤害，舜并不记恨。事实上，舜很同情自己的父亲。

"父亲的眼睛瞎了，看不到光明，可能也因此看不到我这个儿子的优点吧！"舜心里想，"只可惜母亲过世早，父亲才娶了后母，生下弟弟象。尽管后母和象也如同父亲那样，常有不利于我的举动，但我们总归是一家人。既然是一家人，我一定得让他们知道，作为一家人的可亲和可贵！"

基于这样的信念，舜决定无论如何都要继续活下去，用行动来感化他的父亲、后母和同父异母的弟弟，让他们了解：能成为一家人真的很不容易，家中的每一分子都要彼此珍惜。

但这口井已经挖得这么深了，该如何逃出去？

"当一个人走投无路时，那就自己开路吧！"不知为什么，舜的脑海中突然闪现出这句话。这句话给了舜启示，让他振奋起来。舜摸摸井壁，估量泥土的软硬度，然后拿起手上的铲子朝井壁挖去……他挖啊挖啊，连续挖了一整夜，未曾歇手。

王者胸襟

第二天，瞽叟找了象一起往舜挖深了的那口井里填土。当他们填完土，以为已经顺利将舜活埋后，便欢欢喜喜地讨论起该怎么瓜分舜的财产来。

象说："这是我出的主意，我要多分一点。舜的房子归我，两个女人归我，那把君主赏赐的琴也归我。"象很贪心，把舜的大部分财产都据为己有，分给父母的只有牛羊和被火烧过的粮仓。

象说完便跑到舜的屋内，弹着君主赏赐给舜的那把琴，快乐地唱起了歌。

帝王之路

唱着唱着，象突然看到舜完好无损地走进家门，大吃一惊。

舜怎么还活着？他不是已经被埋在井里了吗？象压根就不晓得舜借着自己挖出的一条通道，早已逃出了深井。

"我……"一见到舜，象结结巴巴地说，"我正想着哥哥，感到心情很郁闷哪！"

舜有感而发地回了一句："是啊！你是该想想兄弟之间的情义！"

尽管很气愤，但舜并没有忘记他在井底所立下的誓愿。他并没有寻机报复，反而更殷勤地伺候父亲，对弟弟也更加友爱。

尧知道了这件事后，更加确定自己没有看错人——舜的确是一个可造的帝王之材，他所拥有的宽宏气度正是一位

王者该有的胸襟。于是，尧派了更多更重要的工作给舜，甚至让他执掌国家的重要部门。

无法辞让的王位

舜不知道自己正一步一步地迈向帝王宝座。

他是被诸侯们推荐接任帝位的人，在此之前，尧已经花了好多年的时间寻找接班人。

诸侯们向尧推荐舜的理由是，舜从小到大老是被父亲、后母和同父异母的弟弟算计和陷害，但是他对父母的恭敬和对弟弟的

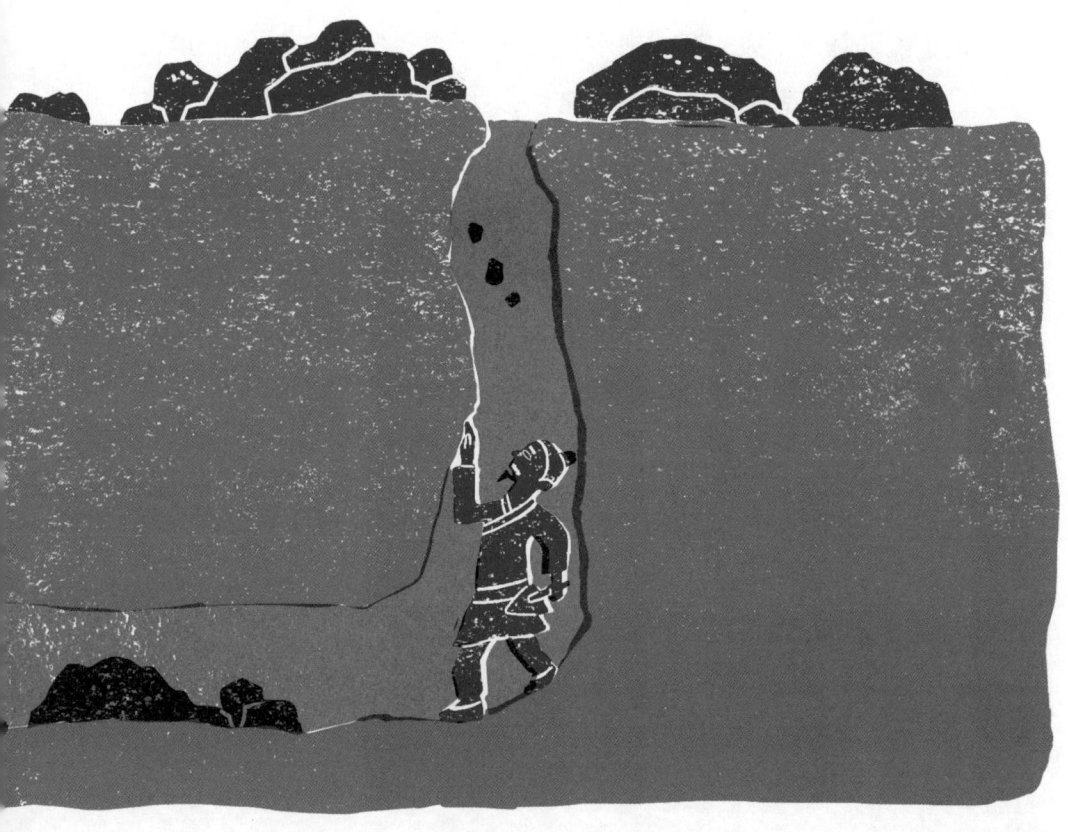

仁厚却有增无减，算得上是一个非常懂得孝悌（tì）的人。

尧对诸侯们的举荐很感兴趣，但是他需要确认舜的人品和办事能力，所以他对舜进行了很多测试，其中包括将两个女儿嫁给舜，以便观察舜是怎么整治家庭的。

尧从在位七十年对舜进行测试到在位九十年，对舜前后评估了二十年，他对舜在各方面的表现都相当满意。

尧对舜的最后一次测试是命令舜去考察山林。舜在荒山中遇到罕见的暴风雨，却能平安归来，尧难以想象，舜是如何在艰困的环境中，为自己找到出路的？就像舜能在井中以暗道逃生一样，那需要的是何等的机智和顽强啊！尧心想，能拥有这等品格的人，必定也能以坚韧不拔的意志来带领国家。于是尧把帝位传给了他。

舜诚惶诚恐地从尧那里接过帝位，成为代理天子。他原本只是抱着感恩的心来为君主做事，没想到自己居然成了一国之君。

八年后，尧过世了，百姓都悲痛欲绝，就如同自己的父母去世一样，举国为尧服了三年的丧。这期间，国境内没有人演奏音乐。

服丧三年后，舜想把帝位让给尧的儿子丹朱，就独自跑到偏远的地方去隐居。可是诸侯和百姓们都很拥戴舜，遇到任何问题还是都去找舜商量和解决，而不是去找丹朱。

大家歌颂舜，而不歌颂丹朱。舜这时才明白，自己肩负了不可违背的使命，他感慨地说："天意不可违！天意不可违！"于是他重新接下帝位，正式担任国君。

用对的人来做对的事

舜登基后不久，开始在人事上大力改革，用对的人来做对的事。

关于怎么用人，舜有很深的感触和体会，因为在尧的时代，就曾经用了不对的人来做事，结果惹出大麻烦。鲧（gǔn）就是一个鲜明的例子。

当时，国内闹水灾，淹没了许多土地。四方诸侯推举鲧来治水。尧认为鲧不可用，但由于诸侯们极力推荐，还是让鲧去试了。

鲧用围堵的方法来治水，整治了九年，不但没有成效，还给百姓造成更多不便。鲧也因为治水无功而被处死在羽山。

"这样的错误绝对不能再犯！"舜说，"不只是治水的问题，其他问题也一样！"

人才的运用是很重要的。在文祖庙，舜召集群臣开会，商定各人的职责。

鲧的儿子禹当司空，继续父亲未完成的事业，去平定洪水。

弃掌管农业，教百姓播种。

契（xiè）当司徒，掌管教育，让百姓都能遵守伦常和礼仪，并且和睦相处。

皋（gāo）陶（yáo）当狱官的总长，掌管全国的刑罚。

垂当总工程师，管土木工程。

益管自然资源，并任命朱虎、熊罴（pí）当他的助手。

伯夷当秩宗，掌管祭天、祭地和祭祖的事情。

夔（kuí）擅长音乐，因此让他来当乐官，专门作诗和乐曲。至于龙，舜请他当自己的文书官，如实传达自己的旨意。

....

被分派到重要职责岗位的，一共有二十二个人。舜对这二十二个人说："各位，请你们一定把自己分内的工作做好，帮助我完成上天所赋予的使命。"

这二十二个人都很有才干，也各自在自己的位置上发挥了自己的所长。其中以禹的功劳最大。

传位给禹

禹采取跟父亲鲧不同的做法，用疏导的方式来治水，花了十三年的时间，终于把为害多年的水患治好了。借着治水，禹重新划定了九州的边界。在这段时间里，禹三次"过家门而不入"。后来他回到家时，儿子都不认得他了。

禹没有辜负舜的期望。在舜的眼里，禹也是一个能够通过种种考验、完成艰巨使命的人，具备领导人的特质。

于是，舜在位的第二十二年，效法尧的做法，通过祭祖的方式，确定禹为下一任君主的接班人。

十七年后，舜在去南方考察的途中过世，禹便正式接任帝位，建立了夏朝。

禹死后，人们拥护他的儿子启来继任。启又把帝位传给自己的儿子，开启了"君主世袭"制度的传统，从此就再也没有实行"禅让"了。

三分钟读历史关键

我们读历史，会发现那些曾经创造非凡成就的人，都有他的非凡之处。舜就是一个典型的例子。

舜年少时多磨难，而这些磨难来自家庭暴力。想想看，当一个人每天都得提防父亲、后母和同父异母的弟弟的联合加害，这种生活该怎么过？令人惊讶的是，舜不仅没被逼得发疯，还以德报怨，加倍孝顺父母，友爱弟弟。这种心胸实在不是一般人能有的。

舜的一生遭遇过很多考验，但都能一一通过这些关卡，因此，他的故事除了让我们认识到遵从家庭"伦理"的重要，也给我们上了一堂"求生学"的课：当你被迫陷在困境里时，一定要运用智慧，想办法跳出逆境，就像舜借着挖掘暗道逃出深井，或是凭着精确的方向感，走出暴风雨的荒山。

磨难和考验造就了舜的成功之路，这对我们每个人来说，也是同样适用的。唯有经得起挫折和磨难的考验的人，才能获得最终的胜利。

史记原典精选

舜父瞽叟盲，而舜母死。瞽叟更❶娶妻而生象，象傲❷。瞽叟爱后妻子❸，常欲杀舜，舜避逃；及有小过❹，则受罪❺。顺事父及后母与弟，日以笃谨⑥，匪⑦有解⑧。

舜，冀州之人也。舜耕历山，渔雷泽，陶河滨，作什器⑨于寿丘，就时⑩于负夏。舜父瞽叟顽，母嚚⑪，弟象傲，皆欲杀舜。舜顺适不失子道，兄弟孝慈⑫。欲杀，不可得；即求，尝⑬在侧。

《史记·五帝本纪》

舜的父亲瞽叟眼瞎，而母亲去世了。瞽叟后来又娶妻，生了象，象生性傲慢。瞽叟宠爱后妻所生的儿子，常常想杀掉舜，舜都逃过了；就算舜犯的是小过错，也要接受责罚。舜顺从地侍奉父亲、后母和弟弟，每天都很笃实恭敬，丝毫没有懈怠。

舜，是冀州人。舜在历山耕过田，在雷泽打过鱼，在黄河岸边做过陶器，在寿丘做过各种家用器物，在负夏跑过买卖。舜的父亲瞽叟愚昧，母亲顽固，弟弟象桀骜不驯，他们都想杀掉舜。舜却恭顺地行事，从不违背为子之道，友爱兄弟，孝顺父母。他们想杀掉他的时候，就找不到他；而有事要找他的时候，他又总是在身旁侍候着。

【注释】❶更：再。❷傲：傲慢。❸后妻子：后妻所生的儿子。❹小过：小的过错。❺受罪：接受责罚。❻笃谨：笃实恭敬。❼匪：没有。❽解：通"懈"，指懈怠。

❾什（shí）器：日常所用的器具。❿就时：掌握时机，也就是做买卖。⓫嚚（yín）：顽固愚蠢。⓬兄弟孝慈：友爱兄弟，孝敬父母。"兄"疑为"友"的错字。⓭尝：通"常"，总是。

词语收藏夹

一、绝处逢生： 在陷入到绝境的情况下，找到新的出路。

例句　不要这么轻易就放弃，说不定我们可以绝处逢生。

二、化险为夷： 改变危险的情况或处境，转为平安。夷，平易、平安。

例句　他的冷静机智，每每让他化险为夷。

三、不吃苦中苦，难为人上人： 不经过一番苦难磨炼，成不了大器。相似的有"吃得苦中苦，方为人上人"。

例句　不吃苦中苦，难为人上人，我会把这一次的失败当作对自己的磨炼。

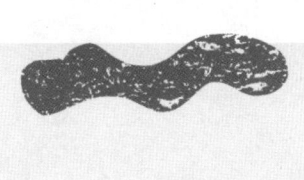

不能不打的仗
汤武革命的故事

中国古代的帝王大都相信自己拥有「天命」，但如果自以为拥有「天命」，就不用心经营，任意妄为，那么任何人都有可能结束他的「天命」。

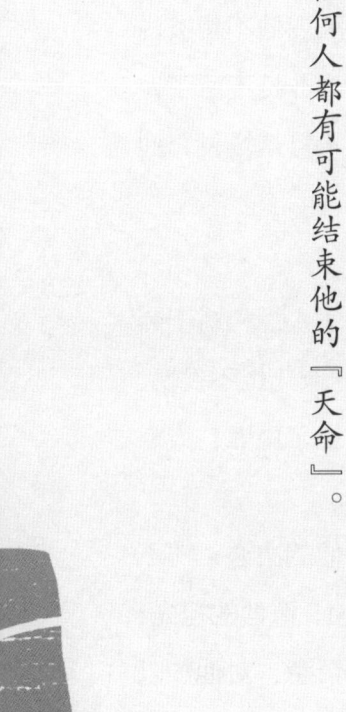

执行上天的惩罚？

周武王姬（jī）发决定讨伐商纣（zhòu）。这是一场不能不打的战役！

身为诸侯，周武王其实非常不想打这场仗，因为他不想被说成是"以下犯上"。但依照当时的局势，这场仗是非打不可了，因为他知道上天已经将"天命"交付给他，要是不打这场仗，他无法对老天有所交代。

部队已经摆开阵容，准备接受行军前的检阅。

战车三百辆，猛士三千人，甲胄战士四万五千人。相对于商纣的七十万大军，这样的兵力少得可怜，但武王一点儿也不畏惧。

早先，武王已昭告其他诸侯："商朝的纣王犯了重罪，大家要一起合力讨伐！"

如今，在盟津这个地方，他再次向部队表示他的决心："不是我姬发犯上作乱，而是商纣作恶多端，人神共愤，置他的祖先、国家、亲人和百姓于不顾。我现在要奉行上天的旨意，对他加以惩罚。"

历史实在值得玩味，因为类似的话，六百年前的商汤也曾说过，而商汤正是纣的开国先祖。那时候，夏桀（jié）无道，汤带着部队准备去讨伐，也曾像周武王这样以无比郑重的心情对他的部队宣示："我不是存心想反叛。这是因为夏桀有罪，我敬畏上天，所以得去讨伐。"

如果商汤还在世，听到周武王对他的后代子孙说着他曾说过的那些话，不知作何感想？也许他会对周武王说："做你该做的吧！只要是无道的暴君，不管是谁的子孙，都该换掉！"

快乐王朝的毁灭者

夏朝曾经是个快乐的王朝。禹和启都是很好的帝王，但传到第十七代的君主夏桀，整个王朝的风气就变了。

夏桀生性残暴，对百姓苛刻，经常伤害百官，又非常宠爱他的妃妾末喜，荒废政务。

百姓无法忍受夏桀的残暴，将夏桀比拟为恶毒的太阳，说："这个太阳什么时候下山？我们都宁愿跟你一起去死！"

正是这样的话让商汤决定发动革命，灭掉夏桀，因为他不忍心再见百姓受苦了。

商汤革命成功了，他放逐了夏桀，以商朝取代了大禹所建立的夏朝（约公元前16世纪）。

商朝也曾经是个快乐的王朝。但是到了第三十一位君主纣王，却出现了严重的问题，让整个王朝蒙上了厚厚的阴影。

纣王和夏桀就像是从同一个模子印出来的，而且纣王的残暴比夏桀有过之而无不及。

纣王很聪明，口才好，力气大，可以徒手跟猛兽搏斗。可是，他却把他的才智用来拒绝臣子的劝谏，把他的口才用来掩饰自己的过错。他总是向臣下夸耀自己很能干，用名声来托高自己的地位，认为谁都比不上他。

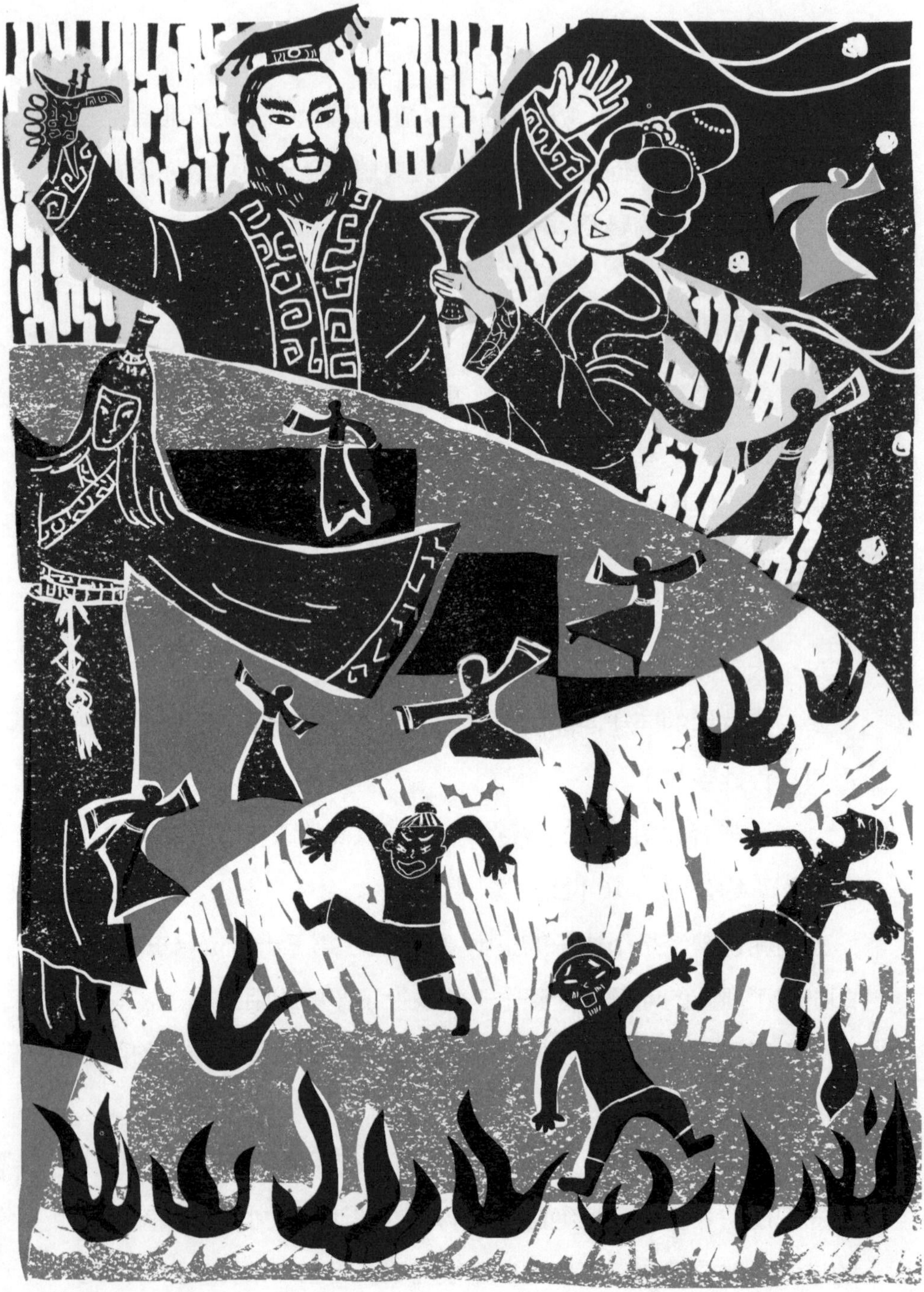

纣王喜欢饮酒作乐、接近女色，尤其迷恋妲（dá）己，不论妲己说什么，他都言听计从。为了让妲己高兴，他叫人制作荒淫的乐曲、粗俗的舞蹈。

他怠慢鬼神，从不祭祀；他增加百姓的赋税，自己的财库和粮仓堆满了钱财和粮食；他豢（huàn）养了许多珍禽异兽；他大兴土木，扩建园林和楼台，并且大肆作乐，把酒灌满池子，形成"酒池"，把肉悬吊起来，形成"肉林"；他命令许多男男女女在宫里追逐嬉戏，整夜饮酒作乐到天明。

这种情形，让百姓心生怨恨，诸侯也有了反叛之心。为了威慑百姓和诸侯，纣王加重刑罚，设置了"炮（páo）烙（luò）"的处罚方式。所谓的"炮烙"，就是把铜柱涂满油膏，平放在炭火上，命令有罪的人从铜柱上走过去。

纣王对受刑的人说："你要是走得过去，我就赦免你的罪；你要是滑倒掉进炭火里，那就活该被烧死。"

商朝有三个诸侯国，其首领被称作"三公"，分别是九侯、鄂侯和周武王的父亲西伯昌。

九侯有个漂亮女儿，献给了纣王。她不愿跟着纣王过荒淫无度的生活，结果惹恼了纣王，于是被赐死。纣王还因此怪罪她的父亲九侯，下令将他剁成了肉酱。

鄂侯为九侯之事和纣王争辩，最后也被做成了肉干。

西伯昌听说这件事后，轻轻叹了一口气。结果被有心人得知，禀告了纣王，纣王立刻将西伯昌抓进了牢里。西伯昌的家臣赶紧找来美女、奇珍异宝和稀有的骏马，统统献给纣王，希望纣王能放了西伯昌。

纣王一见到献礼，马上欢喜地说："这些东西随便一样，就能让我放了西伯昌，何况是这么多！"

不久，纣王真的就放了西伯昌。

"天命"？借口？

"父亲一向对朝廷尽忠，只因叹口气，就受了这么大的屈辱。"每每想到这件事，周武王心中便不禁燃起一把火，"商纣无道是很明显的事，老天怎么还让他在位这么久！"

武王不知道父亲当时是怎么想的，但西伯昌获得自由后尽力保持自己和商纣的良好关系。他出狱后向商纣献上好大一块土地，以表示顺从，并希望纣王能废除炮烙之刑。

纣王喜欢别人给他送礼、对他表示臣服。因此，他不仅答应了西伯昌的请求，还赐给他弓、箭和大斧，赋予了他征伐诸侯的权力。

西伯昌曾动用这种特权去攻打过一些小国，并收服了他们。不过，他更在意的是努力修养自己的品德，以德服人，因此赢得了许多诸侯的归顺。

姬姓家族的力量越强，商纣的权势相对就越弱。然而狂妄自大的纣王毫无警觉，仍在首都朝（zhāo）歌过着快乐的日子！

纣王的臣子祖伊看到这种情形，忧心忡忡，跑去劝谏纣王："我们商朝的命运看来就要断绝了。我从占卜中完全看不出任何好兆头。这不是老天和祖先不肯帮我们，而是大王惹怒了上天，上天准备遗弃我们。现在百姓都在说：'老天为什么不降下神威？天命为什么还不到来？'"

这番话听起来很刺耳，但纣王并没杀祖伊，只是驳斥他说："我一生下来就注定要当国君，这不就是天命吗？"

祖伊回去后对别人说："纣王已经完全听不得劝了。"

当纣王拒绝纳谏，远离贤臣而任用小人时，西伯昌却找来贤者姜子牙担任辅佐大臣，并尊称他为"太公望"，表示他是自己的祖父就殷切盼望的人。只可惜西伯昌没多久就过世了，没能亲眼看到自己的国家在贤臣的辅佐下蒸蒸日上的情景。

武王姬发继任后，追奉他的父亲为文王。在政事上，除了姜子牙，他还任用了弟弟周公旦、召公和毕公等人。

武王在位的第九年，曾带兵来到黄河边的盟津。当时，没有相约而跑来会师的诸侯有八百多位。诸侯们一致向武王表示："可以讨伐纣王了。"

武王却说："你们不了解天命，时候还未到。"说完便把部队带了回去。

又过了两年，纣王变本加厉，愈发淫乱。纣王同父异母的兄弟微子屡次劝告，纣王都不听，微子便辞官离去。

纣王的叔父比干因屡屡直言劝谏，结果惹恼了纣王。纣王对他说："我听说圣人的心有七个孔。叔父你自诩（xǔ）为圣人，那你的心也有七个孔吗？"说完便命人剖开比干的胸膛，把他的心挖出来看。

箕（jī）子也是纣王的叔父，见纣王如此暴虐无道，非常害怕，

便装疯卖傻，甘愿做奴隶，于是纣王把他囚禁了起来。

朝中的太师和少师看到这种情形，纷纷带着祭器和乐器逃到了周国去。

纣王这样昏庸暴虐，要是再不出面制止，不知道会作恶到何种程度。于是周武王决定兴兵讨伐。

向朝歌出发！

武王的部队来到了盟津，宣誓过后，部队行军到牧野，摆开阵式。

武王的军力是战车三百辆、猛士三千人和甲胄战士四万五千人。诸侯派来会师的战车则有四千辆。而商纣迎战的是七十万大军，数量远远超过武王。

两边部队的人数相差悬殊，然而出人意料的是，武王的这场仗打得并不艰难。

武王让太公望率领一百多人当先锋，又用一支两万多人的"大卒"部队冲撞商纣的军队。商纣的部队人数虽多，但都没有战斗意志，不但如此，他们还期望武王的部队赶紧攻打过来。所以武王一发动攻势，纣王的部队里就有很多人反过来帮武王作战。商纣吃了个大败仗。

商纣逃回国都朝歌，在他储藏钱财的鹿台，用宝玉覆身，然后引火自焚。他的两名爱妾也跟着上吊自杀。

武王灭掉商朝，建立了周朝（约公元前1050年）。

历史的运行自有它的轨迹。开国君主贤明，后来的继承者却未必也能如此。如果一国之君失了民心，他的权力和地位也就面临丧失的命运。商汤放逐夏桀、周武王诛杀商纣，就是最好的例子。

三分钟读历史关键

中国古代的帝王大都相信自己能成为国君是"天命"使然，就连商纣这样的暴君也不例外。

"天命"的观念为王权的正当性提供了绝对的保证。然而，中国人也很早就发明了"革命"这个词。革，是"革除、改换"；命，是指"天命"。"革命"的意思就是改换旧有的天命。说得坦白些，这是在警告所有的当权者，不要以为拥有"天命"就能任意妄为，如果不用心经营，为人民谋福利，任何人都有可能结束当权者的"天命"。

战国时期，齐宣王曾拿商汤放桀、武王伐纣的事来询问孟子："做臣子的杀掉国君，可以吗？"

孟子回答："我只听说是杀了一个独裁者，他的名字叫作纣。"

当国君的不仁，做臣子的又何必有义？这是孟子的逻辑。不知道齐宣王当时有没有听懂孟子话中的真义。若是他听懂了，就应该引以为鉴！

史记原典精选

纣愈淫乱不止。微子数❶谏不听，乃与大师、少师❷谋❸，遂去❹。比干曰："为人臣者，不得不以死争❺。"乃强谏❻纣。纣怒曰："吾闻❼圣人心有七窍❽。"剖比干，观其心。箕子惧，乃详狂❾为奴，纣又囚之。殷之大师、少师乃持其祭乐器❿奔周。周武王于是遂率诸侯伐纣。纣亦发兵距⓫之牧野。甲子日，纣兵败。纣走入，登鹿台，衣⓬其宝玉衣，赴火而死。

《史记·殷本纪》

纣愈来愈淫乱，没有终止。微子屡次劝谏，纣都听不进去，于是微子和太师、少师商量后，就离开了殷。比干说："做人家臣子的，不能不以死来规劝。"便更强烈地直言劝谏纣王。纣发怒说："我听说圣人的心有七个孔。"命人剖开比干的胸膛，挖出他的心来看。箕子很害怕，假装发疯，去当人家的奴隶，纣就把他囚禁起来。殷朝的太师、少师们见此情形，纷纷带着祭器和乐器投奔到周国。周武

王于是便率领诸侯讨伐纣。纣派出军队在牧野进行抵抗。周历二月初五甲子那天,纣的军队被打败,纣仓皇逃进内城,登上鹿台,穿上他的宝玉衣,跑到火里自焚而死。

【注释】❶数(shuò):屡次。❷大师、少师:都是商朝的乐官。大师也作"太师"。❸谋:商量。❹去:离去。❺争:规劝。同"诤"。❻强谏:强烈地劝谏。❼闻:听说。❽窍:孔洞。❾详狂:假装发疯。详,通"佯"。❿祭乐器:祭祀用的器具和乐器。⓫距:通"拒",抵抗。⓬衣(yì):当动词用,意为穿。

词语收藏夹

一、殷鉴不远: 殷的子孙要以夏的灭亡作为警惕。比喻可供借鉴的事例近在眼前。

例句 去年的台风给当地造成了莫大的伤害,殷鉴不远,今年的台风季节我们怎能不事先防范?

二、重蹈覆辙: 重新走上老路。比喻不能记取教训而再犯同一类的错误。辙,车轮在地上走过的痕迹。

例句 商纣重蹈覆辙,走上夏桀因残暴而灭亡的老路。

三、如出一辙: 行径相同,车痕一致。比喻事物十分相像或指人在言行举止方面非常相似。

例句 他发脾气的样子跟他爸爸如出一辙。

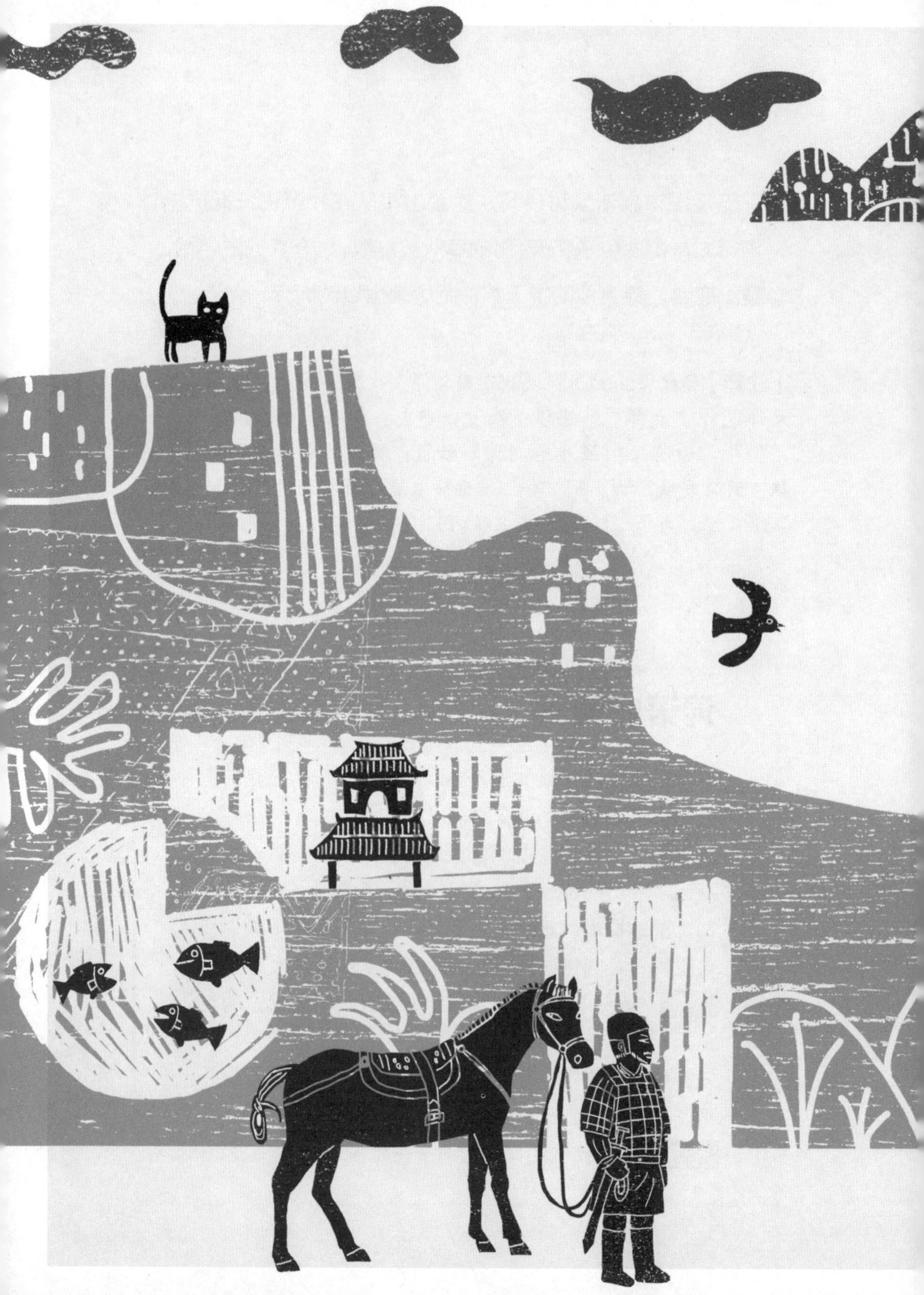

一个被曲解的忠臣

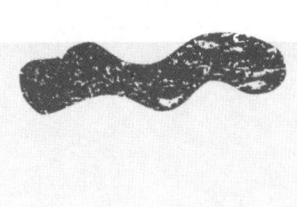

周公摄政的故事

以周公的贤能,也会遭到他人的猜忌。但只要目标正确,行为对得起自己的良心,那就放手去做应该做的事,不必担心别人的闲言闲语。

可预见的灾祸

流言，就像是长着翅膀的苍蝇，小小的，到处乱窜，有时还会散播疾病。当周公姬旦听到一些关于他将对周成王不利的流言时，他的感觉就如同被一群苍蝇环绕，那嗡嗡的声响令人生厌。

周武王才刚驾崩，周成王才刚继任，谁会散播这种谣言？

周公心里很明白，那些散播流言的人一定是想对成王不利的人。周公不禁心生感慨，感觉到不久的将来，这个才刚建立的国家恐怕会有一场动乱，而征战是他哥哥武王最不愿意见到的。

肩膀上的担子

四年前，武王带兵讨伐暴虐的纣王，灭掉殷商，建立周朝。开国之初，国家局势还不稳定，武王从早到晚忙着处理朝政。

有一天，武王召集各地首领一起登上高地瞭望商朝的都城。返回镐（hào）京后，武王整夜都没睡。

周公来到武王的住所，关心地问："怎么不睡呢？"

武王语重心长地告诉周公："如今，老天不再保佑商朝了，但我也还没完全获得上天的庇荫，怎么能安心睡觉呀？"

周公听到这番话，表情变得严肃起来。

武王接着说："前几天，我和各地的首领们上高地俯瞰商朝的都城。我认为，要获得上天的庇荫，就得盖一座新都，而新都的所在地必须位于国土的中央。"武王接着又说，"要是有人不服从周朝的统治，打算作恶，就把他们揪出来，像对商纣那样加以惩罚。还有，我们要好好照顾百姓，安定我们在镐京的旧有国土。要做的事情可真多呀！"

原来，武王整夜不睡，心里想的都是国事。

后来，武王按照计划，开始在洛邑营建新都。接着，他收起武器，解散军队，把马、牛放牧到山下和旷野，向天下表示不再用兵。

很明显，武王对这个新建立的国家寄予了深切的期望。如今，四处散布的流言令周公产生了不好的预感。周公心想，那些收起来的武器恐怕得再度启用，而解散的军队恐怕也得重新整编了。

武王一心操劳国事，在位仅仅四年就把毕生精力完全耗尽。武王死后，继任的成王年仅十二岁，还不懂怎样治理国家。身为国之重臣的周公，只好挑起国家重担，帮成王处理国事，名之为"摄政"。没想到他一片耿耿忠心，倒让别人说成了野心。但若仔细想想，真正有野心的又是谁呢？

灭商之后，周朝功臣各有分封。太公望姜子牙功劳最大，封在齐国，而周公和召公等人封在鲁、燕等地。尧、舜等圣王的后代也有封地，如神农之后在焦，黄帝之后在祝，帝尧之后在蓟（jì），帝舜之后在陈，大禹之后在杞（qǐ）。这些人都不可能作乱。获有封地的还有殷商移民，至于他们有没有作乱之心，就没有人敢保证了。

灭商之后，武王把商朝旧有的势力范围分作三个区域，分别封给纣王的儿子武庚、自己的弟弟管叔和蔡叔，让他们共同监管

商朝所留下的人民，也就是所谓的"三监"。

武王把自己的弟弟和武庚封得很近，原本是想发挥制衡的作用，但后来这三个人愈走愈近。现在放出流言的，恐怕就是武庚和武王那两个同样对周公和成王有所不满的弟弟。

"不行！"周公蓦然起身，笃定地说："不能任由情势这样发展下去！"

隔天，周公去找了太公望和召公奭（shì）等人，向他们表明心迹："我之所以不避嫌疑来代理国政，是怕有些诸侯趁这个时候作乱，我对祖先没法交代。我的祖先在世的时候长期忧劳天下，才有了国家现在的成就。武王过世得早，成王年纪又小，为了周朝大业，我不得不这么做。"

周公的话赢得了大臣的信任，大臣纷纷响应："你就放手去做吧！不管流言说什么，我们都相信你。"

周公摄政与归政

周公留在镐京，代替成王处理国事，至于他的封地鲁国，就让他的儿子伯禽掌管。

周公告诫伯禽说："我是文王的儿子、武王的弟弟、当今主上的叔父，算起来地位也不低。可是当我在洗澡或吃饭时，只要一听到有贤人来，就算抓着没干的头发或把嘴里的饭菜吐出来，都会立刻去接待。你到鲁国去，一定要谨慎，不要因为你是封地的主人，就傲慢地对待国人。"

果然不出周公所料，不久之后，管叔联合蔡叔和武庚一起造反，这就是"三监之乱"。

周公奉成王的命令，带兵东征，杀了管叔和武庚，放逐了蔡叔。他把收服的殷商遗民聚集在卫这个地方，并把它封给了自己年轻的弟弟康叔；把宋这个地方封给了商纣的异母兄弟微子，让他们能够继续祭拜商朝的祖先。接着，周公又降服了淮夷、奄（yǎn）等东部地区。这次东征，前后共花了三年时间。这样，各地诸侯都臣服周朝了。

东征回来后，周公进行了两项重大建设：一个是实践武王的建国蓝图，继续营建新都洛邑，这是有形的；另一个是无形的，就是对国家进行体制上的改善，也就是"制礼作乐"。他写书载明各种官员的职位和责任，又采取许多便民的措施，公告后，百姓都很拥护。

周公代替成王治理国事的第七年，成王长大成人，周公便把政权归还给他（约公元前1044年）。在摄政的七年时间里，周公都是背靠着屏风、面向南边接见诸侯。等他把政权交还给成王，自己站到臣子的位置上后，他面对着北边，态度仍然十分恭敬。

成王的懊悔

不料，可怕的流言又像苍蝇似的飞起，这边嗡嗡，那边嗡嗡，说周公心里一直在妄想着当国君。久而久之，成王就相信了这些话。

周公知道这件事后，二话不说便离开国都，去了楚国。

武王还在世的时候，曾生过一场重病。当时，周朝才刚建立，天下局势还不稳定，武王突发重病，群臣都慌了。

周公向祖先诚心祷告，愿意代替哥哥武王去陪伴祖先，他说："你们的长孙国君姬发为国事操劳，累出病来。要是祖先们对上天负有保护子孙的责任，就拿我姬旦的性命来代替国君姬发吧！我灵巧能干，多才多艺，很会伺候鬼神。姬发不像我，他不会伺候鬼神。"说完他拿出大龟来占卜，得出好卦。

周公高兴地对武王说："不会有大问题了。祖先答应我了，您将会继续统领国家的。"

第二天，武王的病果然就好了。

周公把他对祖先的这番祷词用金丝线绑起来，藏在柜子里，并且命令保管的人不得泄漏。

其实，成王在年纪还很小的时候，有一次生了重病，周公也是这样做的。他把自己的指甲剪下来，丢到黄河里，向河神诚心祷告："王年纪小，不懂事，违抗神的命令的人是我姬旦，要怪就怪罪到我头上吧。"没多久，成王的病就好了。周公还是把祷词藏在国家的文书档案里，不让别人看见。

在周公奔走楚国之后，成王打开文书档案，发现了周公那篇为自己祈求的祈祷文，读过之后，忍不住哭了起来，就把周公从楚国接了回来。从此，成王对于周公言听计从，不再对他有任何怀疑。

为了纪念一位忠臣

周成王十一年，周公辞世。在去世前，周公表示，希望自己死后能葬在都城，以示永远不离开成王。但周公死后，成王把他

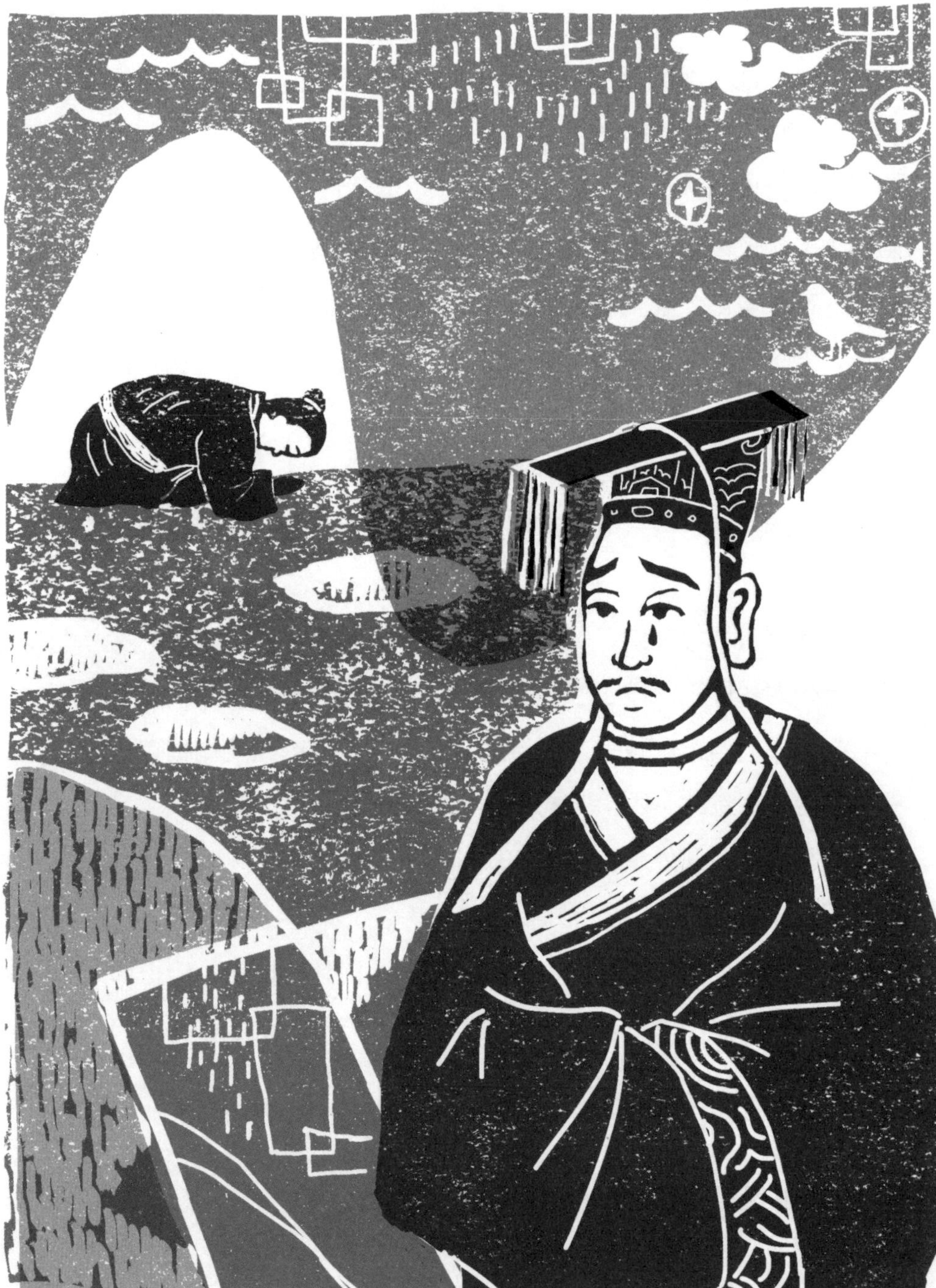

葬在文王墓地所在的地方,认为以周公的功劳来说,应该去陪伴先祖,而自己的才德不够,不敢把周公留在身边。

周公过世后的那一年秋天,谷子还没收割,忽然刮起一场伴随雷电的暴风,农作物统统倒伏下来,大树也被连根拔起,都城里的人都很害怕。成王带着官员打开公家的档案,想找出解决的办法,无意间发现了周公祈求以自己的性命来代替武王的那篇祷词。

成王问:"真的有这件事吗?"

保管的人说:"真的有这件事,但周公命令我们不可以说出去。"

成王拿着那份文件,哭了起来,说:"我小时候不懂事,不知道周公为我们王室做了那么多事情。老天今天显现威灵,就是要表彰周公的美德。我应当用祭天之礼来迎接,这在我们国家的礼仪中也是适宜的。"

于是成王在郊外举行了祭天仪式。天下起了雨,风往反方向吹,把农作物都扶直了。

大臣们命令都城里的人,凡是倒下的大树都要扶正,用土稳固好。

那一年,全国谷物大丰收。

三分钟读历史关键

从《史记》的记载中,我们可以概括周公一生的功绩:

一、帮助武王推翻暴虐的商纣，建立周朝。

二、平定"三监之乱"。

三、"三监之乱"平定后，重新分封诸侯，稳定国家的形势。

四、营建新都洛邑，实现武王以国土中心为首都的想法（洛邑在周公过世后才落成）。

五、制礼作乐，改善国家的体制法度。

周公是中国历史上"良相佐国"的典范。

然而以周公的贤能，也同样会遭到他人的猜忌，甚至是来自君主的不信任。对于这种猜忌，周公的响应是"忠"——忠于国，忠于君，更忠于自己。但周公的"忠"并不是"愚忠"，因为他懂得跟太公望、召公等人共谋国事，也懂得在成王怀疑他时及时退让，前往楚国。

只要目标正确，行为对得起自己的良心，又能取得共事者的信任，那就放手去做你应该做的事，不必担心别人的闲言闲语。从周公身上，我们可以学到怎么当一个令人敬佩的好帮手。

史记原典精选

周公乃告太公望、召公奭曰："我之所以弗辟❶而摄行政者，恐天下畔❷周，无以告我先王太王、王季、文王。三王之忧劳天下久矣，于今而后成。武王蚤❸终，成王少，将以成周，我所以为之若此。"于是卒相❹成王，而使❺其子伯禽代就封❻于鲁。周公戒❼伯禽曰："我文王之子，武王之弟，成王之叔父，我于天下亦不贱矣❽。然❾我一沐三捉发❿，一饭三吐哺⓫，起以待士，犹恐失天下之贤人。子之⓬鲁，慎无以国骄人⓭。"

《史记·鲁周公世家》

周公就告诉太公望、召公奭说："我之所以不避嫌疑代理国政，是怕天下人背叛周室，没法向我们的先王太王、王季、文王交代。三位先王为天下之业忧劳甚久，现在才刚成功。武王早逝，成王年幼，只是为了完成稳定周朝之大业，我才这样做。"于是周公继续留下来辅佐成王，然后派遣儿子伯禽代替自己到鲁国去掌管封地。周公告诫伯禽说："我是文王的儿子，武王的弟弟，当今主上（成王）的叔父，在天下的地位也不低了！但是我洗一次澡要多次捉起没干的头发，吃一顿饭要多次吐出嘴里的食物，为的是起身去接待来访的贤者，即使这样还怕错失天下的贤人。你到鲁国去，要谨慎小心，不要因为你是封地的主人，就傲慢地对待国人。"

【注释】❶弗辟：不避让。"辟"通"避"。❷畔：通"叛"。❸蚤：

通"早"。❹相：辅佐。❺使：派遣。❻就封：掌管封地。❼戒：告诫。❽我于天下亦不贱矣：我在天下的地位也不低贱呀！❾然：但是。❿一沐三捉发：洗一次澡，多次捉起头发。沐，洗澡。三，指多次。⓫一饭三吐哺：吃一顿饭，多次吐出嘴里的食物。哺，嘴里在咀嚼的食物。⓬之：往、到。⓭以国骄人：以封地之君的身份傲慢地对待国人。

词语收藏夹

一、南面为王，北面称臣：据说夏禹即位，王位是朝南的，因此有了"南面而王"的说法。相对的，当臣下的是朝着北方朝见天子，因此也有了"北面称臣"的说法。这两句话可以用来形容主从的关系。

例句　西班牙足球队赢得今年的世界杯足球赛冠军，南面为王，其他球队只能北面称臣。

二、握发吐哺：比喻求贤心切。

例句　当一个领导者，要握发吐哺，求取贤能的人来帮忙做事。

三、鞠躬尽瘁：在工作上非常努力，不辞辛劳。鞠躬，弯身以表示恭敬谨慎；尽瘁，竭尽辛劳。

例句　谢谢大家选我当班长，我一定鞠躬尽瘁，为大家服务。

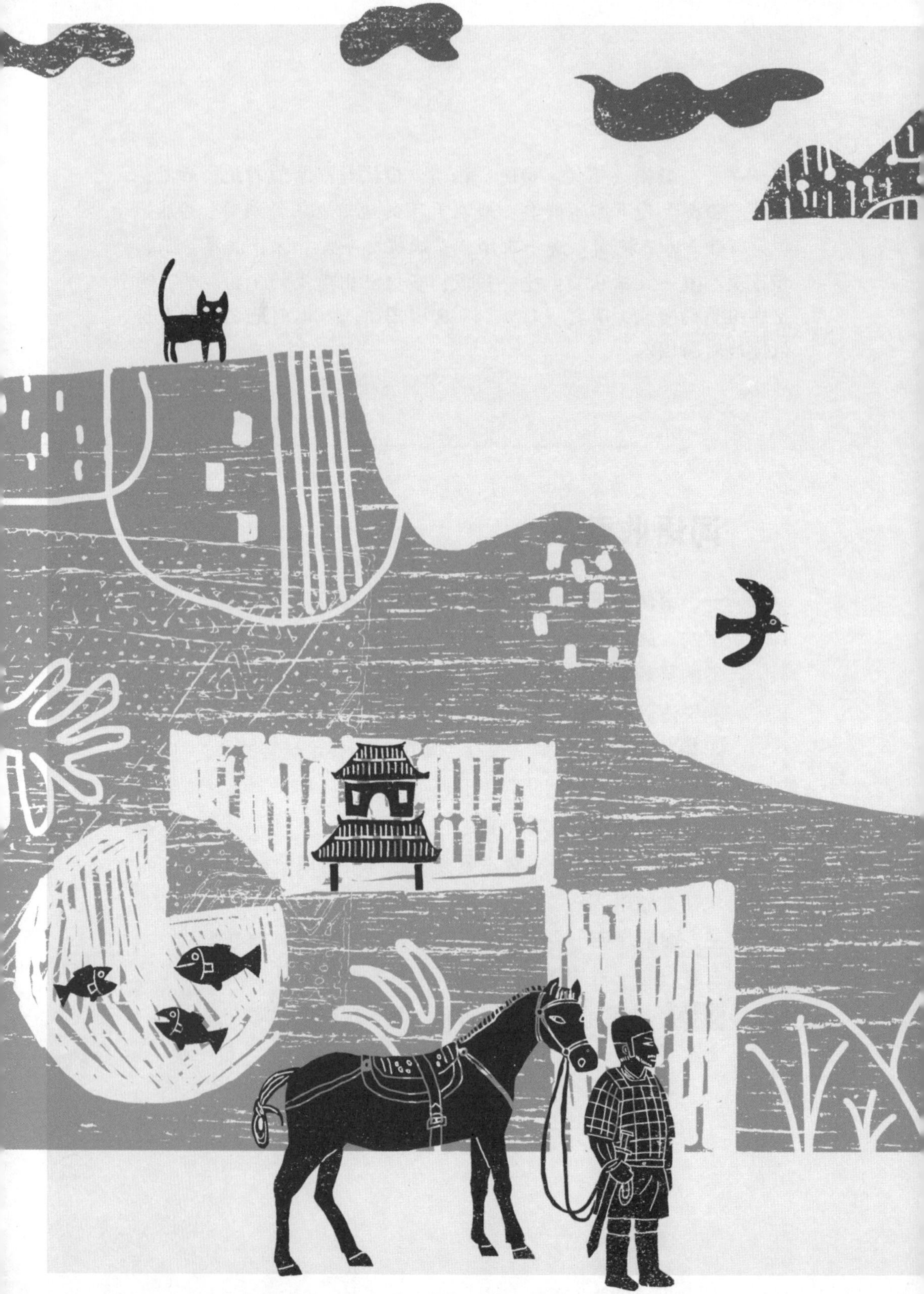

遥远的仙山
秦始皇的故事

秦始皇是个追求效率的国家领导人，做出了很多的创意之举。但秦始皇却没有将人民的希望放在最优先的位置，最终导致了王朝的早衰。

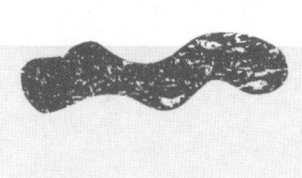

寻找大鲛

秦始皇第五次出巡东游，先是去了云梦、九疑山等地，接着看了钱塘江的波涛，回程时经过吴，沿着海岸来到了琅（láng）玡（yá）。在琅玡，秦始皇做了一个梦，梦见自己和海神交战。那海神长得就像人一样。醒来后，梦中的景象依旧在秦始皇的脑海中盘旋不去。秦始皇知道自己之所以会做这样的梦，完全是由于徐福的一番话。

徐福向秦始皇建议："蓬莱仙药其实可以拿到，只因海上经常有大鲛（jiāo）阻挡，所以我们到不了那座仙山。希望主上能派射箭高手与我们一同前往，若是在海上遇到了大鲛，就可以用箭射死它。"

九年前，齐人徐福上书秦始皇说海上有三座仙山，名字叫作蓬莱、方丈和瀛洲，那里都住着仙人。他请求秦始皇准他斋戒，然后带童男童女去访仙。秦始皇应许了，派他带领童男童女数千人，到海上去找仙人，为的是求取让人长生不老的仙药。

寻找了这么多年，始终没找到仙药，原来是海上有大鲛在阻挠。秦始皇深信徐福所说的话，因此做了这样的怪梦。秦始皇想弄明白这个梦到底有什么寓意，于是把占梦师找来。

占梦师回答："海神以鱼龙作为替身，是见不到的。皇上平时祈祷祭祀都很虔诚，想不到却有这样的恶神来作怪，应当把他除掉，一旦去除，好的神就会到来。"

于是秦始皇下令,出海的人都要带着大型的渔具,而他自己则随身携带弓箭,准备射杀大鲛。从琅玡北到荣成山都没遇见大鲛,直到航行到之罘(fú)才发现一条,最后将其射杀。

寻找大鲛尽管大费周章,秦始皇却从头到尾都没有怀疑过徐福。事实上,徐福说海上有大鲛阻挡航道,根本是一派胡言。多年来,徐福花费了秦始皇几千万钱财到海上寻找仙药,但什么也没找到,他生怕受到秦始皇的重罚,所以编派出这些谎言。

向未来预订千秋万世的始皇帝

秦始皇在他派徐福出海寻求仙药的那一年——始皇二十八年(公元前219年),他第二次出巡东游,登上泰山,立下石碑。

碑文的开头写着:"皇帝登基,制定昌明法令,臣下整治政事。二十六年,统一天下,没有不臣服的。"

这段话说得多么豪迈!

自古以来,从没有一个君主自称为"皇帝",是秦始皇创造了这个词。不仅如此,他还是第一个为自己的王朝向未来预订千秋万世的君主。因此,他把自己称为"始皇帝"。

秦始皇姓嬴名政,十三岁即位时(公元前247年),周朝王室早已崩坏,有名无实,徒有一具空壳,而天下分裂成秦、楚、齐、燕、韩、赵、魏等七国,七国连年交相征战,民众苦不堪言。在这七个诸侯国当中,以秦国最强——这是多少代先祖的经营才累积出的实力,更何况当时朝中有李斯、尉缭等能臣,军中又有王翦(jiǎn)、王贲(bēn)等大将。

秦始皇在位的第二十六年（公元前221年），也就是在他三十九岁那年，他终于完全消灭了其他六国，完成统一大业。

当年，臣子们建议秦始皇在"三皇"中取最尊贵的"泰皇"来称呼自己。但嬴政想自己是何等君王，仅称"皇"是不够的，不如把"五帝"的"帝"也拿来一并使用，合称为"皇帝"，如此才能显示他是旷古以来的第一人。

名列"第一"的作为

难道他不值得拥有这个称号吗？秦始皇心想，他做过的一些"在所有君王中名列第一"的事迹，就算尧舜也会自愧不如。

他是第一个实施"郡县制"的君主，也就是将全国分为三十六个郡，然后在郡下设县。这样可以强化中央对地方的统治。过去各个朝代的君王只知道实施"分封制"，以为多分封一些有血缘关系的诸侯就能够巩固王室，其实大错特错，因为分封得越多，日后自相残杀的机会也越多。

他是第一个大力"修驿道，通沟渠"的君主。中央的政令若想迅速地下达到地方，就得依赖方便的交通，因此修筑大马路和运河是极有必要的。为此，他还设立了驿站制度，这也是一大创举。

他是第一个实现"车同轨，书同文"的君主。所有车辆的车轨都统一宽度，就能在全国畅行无阻；全国的文字都统一字体，就不怕看不懂彼此的书信。

他是第一个统一货币的君主，让"钱同币，币同形"。从前六国使用的贝、玉等货币都禁止再流通，而统一使用秦朝铸造的

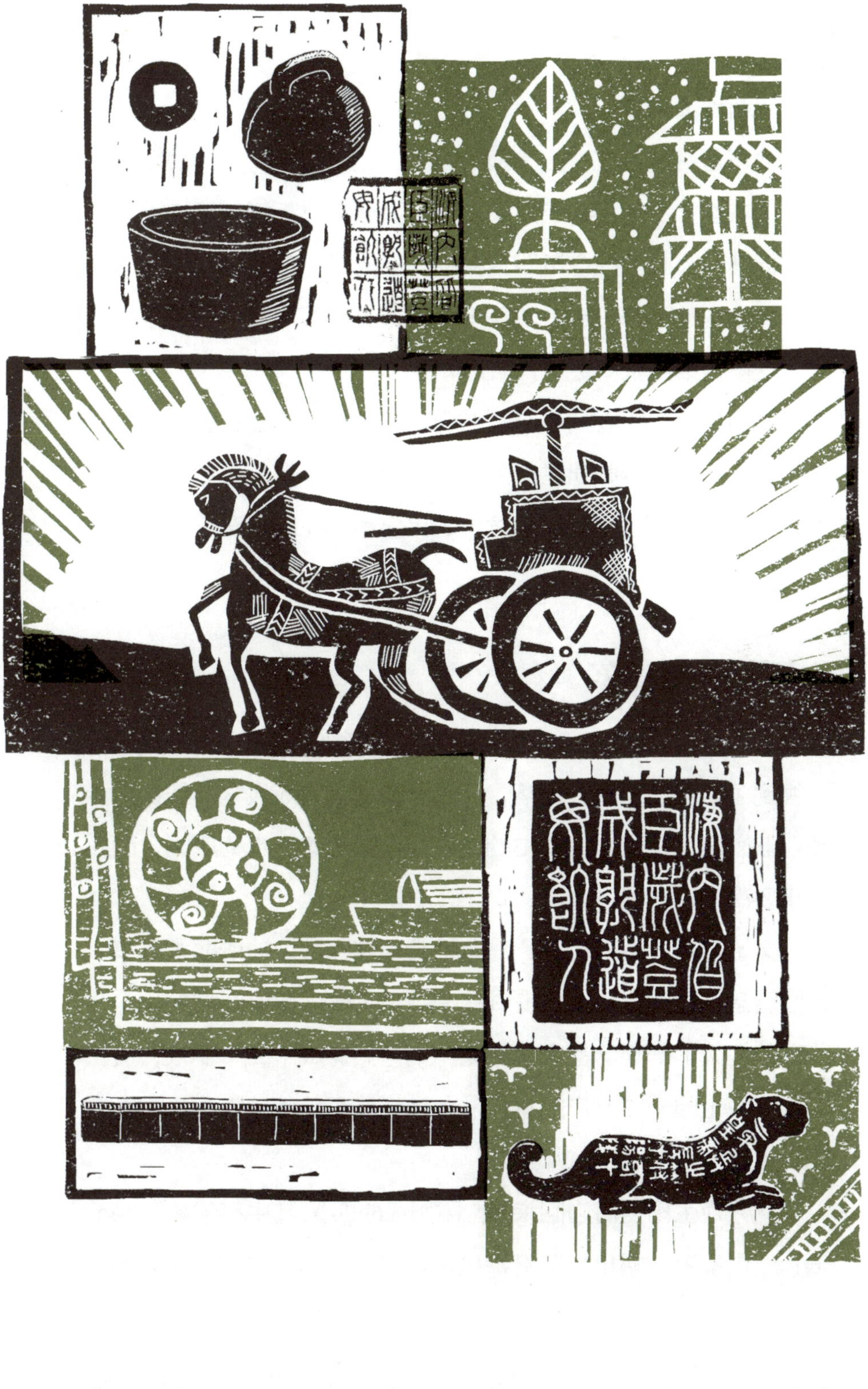

金、铜两种圆形货币。

他还是第一个统一度量衡的君主，让"度同尺，权同衡"。过去，各地方所使用的长度和重量的测量单位都不相同，没有一致的标准，因此他把度量器具和单位都做了统一。

像这样的改革，过去的君王都没做过，而秦始皇做到了。一想到这里，秦始皇就更觉得骄傲。

然而秦始皇只看到了自己的聪明和气魄，却没看到自己的冷酷和豪奢。自从秦朝建立以来，始皇帝的许多作为虽然很有前瞻性，但由于他不善待人民，惹出的民怨也"在所有君王中名列第一"。

一辆狂奔的马车

秦始皇相信"五德终始"的说法。五德就是木火土金水，每一德到了特定时期就会衰落，而另一德就会取而代之。他认为秦朝能够兴旺，是因为秦朝主的是五德中的水德，水德属阴，因此凡事要冷峻，不能讲人情。

秦始皇采取严刑峻法，严苛地管理老百姓。他所要求的事，百姓若是不遵从，不仅自身有罪，甚至可能会连累到家人。

他把天下的兵器都收集起来，销熔后铸成十二个铜人，放在宫中；把全国十二万户的富人从各地迁移至首都咸阳，一方面便于管束，一方面利于首都繁荣。

燕人卢生出使海边回来，献上抄录的书籍，其中有句谶（chèn）语："亡秦者，胡也。"秦始皇认定这个"胡"必定是北方的胡人，便派蒙恬将军率领三十万大军攻打北方的匈奴。

此外，他也派人去征伐西南方的百越。

秦始皇修筑万里长城，每年征调四十万民夫，凡因饥寒劳累而死的人，尸骨便直接埋入长城下；修建阿房宫和位于骊山的陵墓，动用了七十万名受刑人，而修造陵墓的工匠和奴隶在完成骊山陵墓的机关和布置后，全被活埋于墓道中。

秦始皇很喜欢修筑宫殿，所建造的宫殿在关中有三百座，在其他地方有四百多座。

他听从丞相李斯的建议，烧毁以往的史书和诸子百家的著作，只留下医药、卜筮（shì）和种植一类的书；又因文学方术士批评他，他便把四百六十多名文学方术士活埋在咸阳城。这就是"焚书坑儒"，但遭活埋的其实大都是方术士。

对于民间累积的怨气，秦始皇全然不当一回事。他的大儿子扶苏为了坑杀犯禁者的问题劝了他几句："天下才刚安定，远方百姓还没归顺，士子读书效法孔子，而皇上却用重刑来处罚。我担心天下不安。"秦始皇听了这些话，非常生气，便把他派到蒙恬的手下去当监军。

在这样一个国君的驾驭下，新建立的秦朝就像一辆狂奔的马车，看似跑得很快很猛，其实正冲向万丈深渊。

显赫的声名与鲍鱼的气味

自认为功绩远远超过三皇五帝的秦始皇，即使一次又一次地被骗，仍然渴盼着吃了能长生不老的仙药。

始皇三十七年（公元前210年），在生平第五次出巡东游的途中，秦始皇射杀了一条大鱼，他以为这样就除掉了作祟的恶神，可以招来好运。但没想到巡游至平原津时，他竟然病倒了。

秦始皇病得不轻，而且病情越来越严重。他生平很讨厌听到"死"这个字，不料还是躲不过这个字的追捕，最终病故在沙丘。

秦始皇临死时，留下了诏书，交代大儿子扶苏："赶快回来处理丧事，将我葬在咸阳城。"意思也就是要让扶苏继任。但这封诏书却被随行的小儿子胡亥和权臣李斯、赵高等人截下偷偷改成："胡亥接下帝位，扶苏和蒙恬两人都赐死。"

为了避免引起恐慌，胡亥和李斯、赵高背着天下人，暂时隐瞒了秦始皇驾崩的消息，以致秦始皇的遗体在车子里都腐烂发臭了，他们只好拿成篓的鲍鱼来掩盖气味。直到返回咸阳城，胡亥才把秦始皇葬在骊山的陵墓，然后继任为秦王朝的二世皇帝。

就这样，一代君王生前名声显赫，死后却落得腥臭无比。

推倒大房子的竹竿

胡亥谋杀哥哥，当上了皇帝，然而这个至尊之位他只坐了三年，就被赵高逼迫得自杀了。

继任的子婴在位时间更短，不过他在死前诛杀了赵高。

前后只维持了十五年的秦朝，就像一栋使用不合格的建筑材料搭建成的大房子，一推就塌。

最先推摇这栋大房子使它出现严重裂缝的，不是什么伟大的人物，只是两个平凡的农夫，名叫陈胜和吴广。他们最初只率领了几百个人起义。由于没有武器,他们就砍削木头当作武器;没有旗帜,他们就举起竹竿当作军旗。这就是历史上有名的"揭竿起义"。

三分钟读历史关键

从《秦始皇本纪》来看,秦始皇绝对是个追求治国效率的国家领导人,而且在这过程中,还做出了很多创意之举。按理来说,这样的人应该会很成功才对,他所建立的王朝怎么会如此之快就遭到覆灭?

这个问题的答案在于:秦始皇所追求的效率不是用来服务人民,而是用来服务自己的王朝,甚至仅仅服务他自己;他并没有将人民放在心上,而只是将人民当作自己达到目的的工具,因此在征战、修建大型工程的过程中,牺牲了多少人命都无所谓。当百姓忍无可忍时,自然会在适当的时机起来反抗。

这段历史让我们体会到:要追求效率,也要有正确的目的性。对秦始皇来说,他的失败就是因为没有将人民放在最优先的位置。

说起来很讽刺,创造了许多"第一"的秦始皇,他所建立的秦朝,在所有王朝寿命的纪录上,差点儿也成了中国历史上的"倒数第一"。

史记原典精选

侯生卢生相与谋曰:"始皇为人,天性刚戾❶

自用❷，起❸诸侯，并❹天下，意得欲从，以为自古莫及己。专任❺狱吏❻，狱吏得亲幸❼。博士虽七十人，特备员弗用。丞相诸大臣皆受成事，倚辨于上。上乐以刑杀为威，天下畏罪持禄，莫敢尽忠。上不闻过而日骄，下慑伏谩欺以取容。秦法，不得兼方，不验，辄死。然候星气者至三百人，皆良士，畏忌讳谀，不敢端言其过。天下之事无小大皆决于上，上至以衡石量书，日夜有呈，不中呈不得休息。贪于权势至如此，未可为求仙药。"于是乃亡去。

《史记·秦始皇本纪》

侯生、卢生一起商量说："始皇为人，天生刚愎乖戾、固执己见，从诸侯出身，兼并天下，志得意满，认为自古以来没有人比得上他。他特别喜欢任用狱吏，狱吏都很得宠。虽然有博士七十人，只是充数人员，并不信用。丞相和大臣都是接受已经决断的公事，一切依赖皇帝处理。皇帝喜欢采用刑罚杀戮来确立自己的威严，天下人害怕获罪，只想保持禄位，没有人敢竭尽忠诚。皇帝听不到自己的过失，日益骄横，臣下恐惧而屈服，用欺骗来取得皇帝的欢心。

根据秦朝的法律,一人不能兼有两种方伎,方伎不灵验,就处以死刑。然而观察星象云气预测吉凶的人多至三百人,全都学问优秀,(但对皇帝)畏忌阿谀,不敢正面指出他的过错。天下之事不论大小都取决于皇帝,皇帝甚至用秤来称量文书,一天有一定的额数,不达到额数不能休息。皇帝贪恋权势到了这种地步,我们不能给他寻找仙药。"于是他们就逃走了。

【注释】❶刚戾(lì):刚愎乖戾。刚,固执;戾,凶狠。❷自用:固执己见。❸起:出身。❹并:兼并、吞并。❺专任:专门任用。❻狱吏:管牢狱的官吏。❼亲幸:宠爱。

词语收藏夹

一、**刚愎自用**:性情倔强,固执己见。
例句 王刚同学刚愎自用,谁的话他也不听。
二、**严刑峻法**:严厉的刑法。
例句 这个国家所欠缺的不是严刑峻法,而是政府执法的能力和百姓守法的精神。
三、**蓬莱仙境**:指非常美丽的地方。
例句 每次到西湖,我都觉得自己有如来到蓬莱仙境。

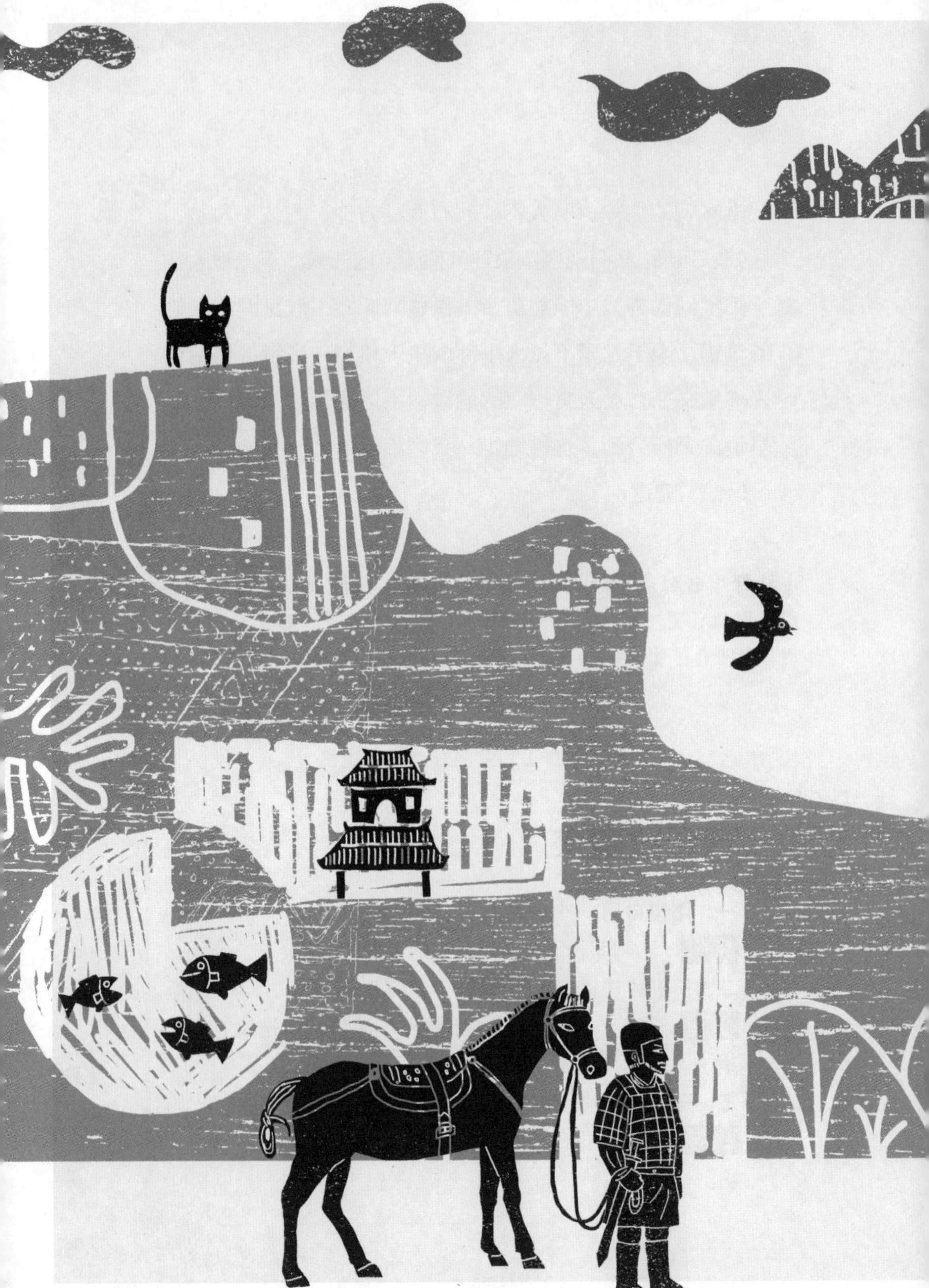

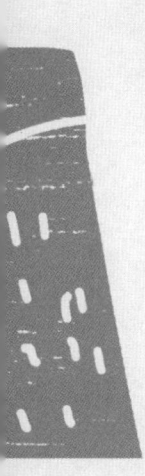

彼可取而代也！
项羽创立霸业的故事

项羽的行动神速，像一阵疾驰而过的风。当旁人还在观望时，项羽已经攻取了他的军事目标，也难怪各诸侯军的将领都感到惊骇惶恐，纷纷趴俯在项羽的跟前。

帝位的窥探

项羽，本名籍，起兵抗秦时才二十四岁。他的叔父叫项梁，而他的祖父就是被秦国王翦（jiǎn）所灭的楚国名将项燕。

项羽年少时，学习认字和写字都不见长进，学剑术也没有成果。为此，他的叔父项梁很生气。

项羽却说："学习认字和写字，不过是用来记住姓名；练好剑术，也只能一次对付一个人。这些都不足以学习，要学就要学能够对付万人的。"

于是，项梁教项羽兵法。项羽一开始很高兴，可是在略知兵法大意后，又不肯深入钻研了。

后来项梁因故杀人，为了躲避仇家，带着项羽避居吴中。吴中有才干的士大夫都比不上项梁。每逢吴中有大型的公差和丧事，都由项梁操办，不过暗地里，项梁总用兵法组织管理宾客和吴中的子弟，借以了解他们的才能。

当时，秦始皇出巡，渡过钱塘江时，项梁和项羽都前去观看。项羽看了之后，说："那个人，我们可以取代他！"

项梁一听，连忙掩住他的嘴巴，警告他："别乱说话！小心灭族！"

项梁虽然这么说，却因此对项羽刮目相看，觉得项羽胸怀大志。

项羽身长一百九十厘米，力能扛鼎，才气过人。吴中当地的年轻人都很畏惧他。

八千精兵起江东

秦二世元年（公元前209年）七月，陈胜等人在大泽乡起义。九月，会稽郡守殷通对项梁说："长江以西的人民都起来反抗了，老天灭秦的时刻到了。我听说先下手就能制服他人，后下手就会被他人制服。我想发兵，让您和桓楚来担任将领。"

那时，叛秦的桓楚正在逃亡，躲在沼泽区里。

"只有项羽知道桓楚躲在哪里。"项梁说完便走出官府，嘱咐项羽持剑在门外等候召见。

项梁再度走入官府，与郡守坐在一起，说："请召项羽进来吧！可以命令他去找桓楚。"郡守便把项羽叫进来。

没过多久，项梁对项羽使眼色，暗示："可以动手了。"项羽于是拔剑，斩下了郡守殷通的脑袋。

项梁拎着郡守的脑袋，并且把他的印信佩戴在自己身上。

郡守的手下乱成一团，项羽击杀了近百名反抗者。官府里的其他人都吓得趴在地上，动也不敢动。

于是，项梁做了会稽郡守，而项羽当上副将。他们部署吴中的豪杰，派任校尉、军候和司马。有一个人没得到任用，便对项梁发牢骚。项梁说："先前交代你的事，你都没办好，所以现在无法任用你。"这话说得大家服服帖帖的。

接着，项梁对所属各县进行安抚，并召集人马，共得精兵八千人。

不久，陈胜兵败。

项梁率领八千人渡过长江，向西进攻。

东阳令被当地的少年所杀。东阳人推举令史陈婴接任，但陈婴听从母亲的建议，把领导权和所有兵卒都移交给项梁。

项梁带兵渡过淮水。英布和蒲将军也带兵来归附。项梁这时的兵力已达到六七万人。

项梁接着灭了自立为楚王的景驹，又收服了薛地。而项羽则攻破坚守不降的襄城，活埋了城里所有的军民。

项梁得知陈胜已死的消息后，便召集各地将领在薛地开会，共商大计。

在沛县起义的沛公刘邦，这时也领兵来到薛地和项梁相会。

立楚怀王

七十多岁的范增，擅长谋划。他在见项梁时，说："陈胜会败，是必然的。秦灭六国，楚国最无辜。楚怀王被骗到秦国后一去不回，楚国人至今还很同情他。因此楚南公说：'楚国就算只剩下三户人家，最后消灭秦国的还会是楚国。'如今陈胜起义，不立楚国的后人为王，却自立为王，气运自然不会长久。现在您从江东起兵，楚国将士蜂拥而至，都来依附您，这是因为您项家世世代代都是楚将，料想您会重新拥立楚王的后代呀！"

项梁同意范增所说的话，便派人到民间去寻访，找到楚怀王的孙子。

楚怀王的孙子名叫熊心，当时正在替人放牧。项梁沿用旧号，立熊心为楚怀王，以顺应民心。

陈婴被封为上柱国，留在盱（xū）眙（yí）辅佐楚怀王，而项梁也自称为武信君。

项梁战死

项梁派刘邦和项羽攻下城阳，接着往西在濮（pú）阳城东击败秦军。

秦军收拾败兵，坚守濮阳。刘邦和项羽转攻定陶，但久攻不下，于是改向西进，攻取秦地，直到雍丘，大破秦军，还杀了秦国大将李由，回头再攻打外黄，却没能攻下来。

项梁亲自领兵，从东阿（ē）往西挺进，在定陶大败秦军。这时候，因为刘邦和项羽已经击溃了李斯之子李由的军队，项梁更加轻视秦军，开始自大起来。

宋义劝项梁："如果打了胜仗，将领就骄傲，士兵就怠惰，那是会失败的。我们的士兵现在都有点怠惰，而秦军正在补充兵员。我为您感到担心，请您多留意呀！"

项梁不但不听宋义的劝言，还派他出使齐国。

宋义在半路上正好遇到齐国来访的使者高陵君，问他："您这是要去见武信君（项梁）吗？"

"是。"使者高陵君回答。

"依我看，武信君就要败了。您慢慢走便可免于一死，要是走得太快，那正好赶上灾祸。"

果然，秦朝发动所有的部队来增援上将军章邯（hán），在

定陶打赢了楚军。项梁战死。

刘邦和项羽离开外黄,去攻打陈留,但陈留守得很紧。两人便商议:"项梁的部队如今已败,士兵们都心怀恐惧,陈留攻不下来,我们不如退回去,再作打算。"于是两人率兵和吕臣的部队一起往东退。吕臣驻扎在彭城东边,项羽驻扎在彭城西边,刘邦驻扎在砀(dàng)郡。

章邯击败项梁的部队,以为楚地的兵力不强,没什么好怕的,便引兵渡过黄河去攻打赵国,大败赵军。赵王赵歇、大将陈余和丞相张耳,都躲在巨鹿城里。

章邯命令王离和涉间去围困巨鹿城,自己则驻扎在城南,修筑甬道,为他们输送粮食。

为抵抗秦军,陈余率领数万人离开巨鹿城驻扎在巨鹿北面,

这就是所谓的河北军。

楚军在定陶战败了，楚怀王很惶恐。他从盱眙赶来彭城，将项羽和吕臣的军队加以整合，由自己来率领。

吕臣被封为司徒，他的父亲吕青被封为令尹。沛公刘邦当上砀郡长，被封为武安侯，统率着砀郡的部队。

项羽杀宋义

早先，宋义在路上遇见的那个齐国使者高陵君见到了楚怀王，对楚怀王说："宋义对我说武信君的军队必败，几天后，果然就败了。还没开战就能看出败相，这个人可以说是懂得用兵。"

楚怀王把宋义召来，拜他为上将军，和他共商大事。项羽被封为鲁公，是副将，而范增是末将。

楚怀王命令楚军去援救赵国，让所有的将领都听命于宋义，宋义因此号为"卿子冠军"。

大军走到安阳，停留了四十六天，就是不再前进。

项羽着急地说："我听说秦军把赵王围困在巨鹿。我们若引兵渡河，楚军攻外头，赵军在城内接应，一定能打败秦军。"

宋义说："不是你想的那样。拍打牛背要打较大的牛虻，不必打那些小虱子。秦军现在攻打赵国，要是打胜了，兵卒也会疲惫，如此我们就可以乘虚而入；秦军要是打败了，那我们就大张旗鼓，一路西进，一举消灭他们。所以说，不妨先让秦、赵两国相斗。谈到在前线冲锋陷阵，宋义不如您；但是在营帐里运用计策，您还是不如宋义啊！"

宋义随即下令："不听指挥的一律处斩。"这道命令显然是针对项羽而下的。

接着，宋义派自己的儿子宋襄到齐国去当国相，他亲自送行到无盐，准备了酒席，大宴宾客。当时天气寒冷，还下着大雨，士兵们又饥又冻。

项羽实在忍不住，对众将士说："现在本该努力攻秦，宋义却按兵不动。如今年岁不好，百姓贫苦，士兵们都只吃芋头和豆子。军中缺粮，他却饮酒聚会，不引兵过河去向赵国取粮，不和赵军合力攻打秦军，反而要等秦兵疲惫再乘虚而入。秦军这么强，打个新建立的赵国，势必手到擒来。赵国被攻灭秦国会更强大，还有什么虚可乘？我们楚军才刚打败仗，主上坐立难安，把境内所有的兵力都交付给上将军。国家是安是危，在此一举。他今天不体恤士卒的劳苦，只顾谋私，这不是国家需要的贤良之臣。"

次日早晨，项羽去见上将军宋义，在营帐里就把宋义的脑袋给斩了下来，然后发布命令："宋义和齐国共同谋反楚国。楚怀王密令项羽将他处死。"

当下，所有的将领都表示畏服，不敢有不同的意见，纷纷表示："带头拥立楚怀王的是项将军的家族。如今将军所杀的，是叛乱之臣。"然后，大家推举项羽担任代理上将军。

项羽派人到齐国去追杀宋义的儿子，结束了他的性命。

项羽派桓楚将这件事上报给楚怀王，迫于形势楚怀王只得正式立项羽为上将军，当阳君英布和蒲将军都归他统率。

巨鹿之战

项羽诛杀卿子冠军，威震楚国，名闻诸侯。他派当阳君英布和蒲将军领兵两万人渡河，去解救赵国，小有战果。

赵将陈余请项羽多出兵。于是项羽把整个部队都带过河，然后把船弄沉，把锅具砸了，接着把营垒也给烧了，只留下三天的粮食，以示必死的决心。这就是有名的"破釜沉舟"。

到了巨鹿，大军围困王离，双方交战好几回合，最后，楚军大败秦军，杀了秦将苏角，掳获王离。只有涉间不肯投降，最后自焚而死。

在这场战役里，那些同样来解救赵国的诸侯军，一到巨鹿就筑起营垒，不敢轻易出兵。等楚军出击秦军时，各诸侯军的将领又只是在壁垒上观望。楚国的战士无不奋勇作战，杀声惊天动地，诸侯的部队没有不感到惊骇惶恐的。

项羽在大破秦军之后，召见各诸侯军的将领。

那些将领进了项羽的营门，没有一个不跪倒在地，用膝盖爬行进入的。大家都不敢抬头看项羽。

从此以后，项羽成了各诸侯军真正的上将军，大家都臣服于他。

三分钟读历史关键

在《史记》里，《项羽本纪》是相当特殊的一篇，记载着项羽不平凡的一生。它是一篇传记，事实上也是一篇传奇。

项羽是楚国名将的后代，生来气宇轩昂，却有性急的毛病。他像一只天降的神虎，除非有超凡的驯术，谁也驾驭不了他。

巨鹿之战是项羽毕生最出彩的一次战役。司马迁写这场战役用了不到两百个字，却把神勇的项羽写得栩栩如生。自古以来许多人对《史记》的这段叙述评价都很高，如明代的茅坤称其为："项羽最得意之战，太史公最得意之文。"

若论笔法，司马迁所用的是"间接描写"，而非"直接描写"，也就是用配角来烘托主角。这段行文节奏极快，让人感觉到项羽的行动神速，像一阵疾驰而过的风。当旁人还在观望，项羽早已攻取了自己的军事目标，也难怪各诸侯军的将领都会感到惊骇惶恐，纷纷趴俯在项羽的跟前。

这段千古名文，读者不妨细细品味。

史记原典精选

项羽晨朝上将军宋义,即其帐中斩宋义头,出令军中曰:"宋义与齐谋反楚,楚王阴令羽诛之。"当是时,诸将皆慑服,莫敢枝梧。皆曰:"首立楚者,将军家也。今将军诛乱。"乃相与共立羽为假上将军。使人追宋义子,及之齐,杀之。使桓楚报命于怀王。怀王因使项羽为上将军,当阳君、蒲将军皆属项羽。

项羽已杀卿子冠军,威震楚国,名闻诸侯。乃遣当阳君、蒲将军将卒二万渡河,救巨鹿。战少利,陈余复请兵。项羽乃悉❶引兵渡河,皆沉船,破釜甑❷,烧庐舍❸,持三日粮,以示士卒必死,无一还心。于是至则围王离,与秦军遇,九战❹,绝其甬道,大破之,杀苏角,虏王离。涉间不降楚,自烧杀❺。当是时,楚兵冠诸侯。诸侯军救巨鹿下者十余壁,莫敢纵兵。及楚击秦,诸将皆从壁上观❻。楚战士无不一以当十,楚兵呼声动天,诸侯军无不人人惴恐❼。于是已破秦军,项羽召

见诸侯将,入辕门❽,无不膝行而前,莫敢仰视。项羽由是始为诸侯上将军,诸侯皆属焉。

《史记·项羽本纪》

项羽早晨参见上将军宋义,就在他的帐幕中割下了宋义的脑袋,出来在军中发令说:"宋义和齐国阴谋反楚,楚王秘密命令我杀死他。"这时,将领们都恐惧屈服,没有敢抗拒的,都说:"创建楚国的,是将军一家。现在又是将军处死了叛乱的人。"将领们就共同推立项羽为代理上将军。派人去追宋义的儿子,在齐国赶上了,杀死了他。项羽派桓楚向楚怀王报告。楚怀王就让项羽做上将军,当阳君、蒲将军都归项羽调度。

项羽已经杀了卿子冠军,威震楚国,名闻诸侯,他便派遣当阳君、蒲将军带领两万士卒渡河,援救巨鹿。战事稍有胜利,陈余又向项羽请求救兵。项羽于是率领所有部队渡河。过河后,他命令士兵把船全弄沉,把饭锅全砸破,把营垒全烧了,只带三天粮食,以此表示死战到底的决心。到了巨鹿,项羽大军围困王离,与秦军开战,打了很多场仗,断了他们的运输通道,大败秦军,杀了苏角,掳获王离。涉间不肯投降楚军,引火自焚而死。当时,楚军的勇猛是其他各诸侯部队所不能比的。同样来救援的诸侯军一到巨鹿，就在十几个地方筑起了营垒，不敢出兵。等楚军出击秦军，各诸侯军的将领都在壁垒上观望。楚兵奋勇作战，杀声惊天动地，诸侯部队没有不感到惊骇惶恐的。项羽在大破秦军后召见诸侯军将领。那些将领进了项羽的将帅营门，纷纷跪倒在地，用膝盖爬行，完全不敢抬头看项羽。项羽从此成了各诸侯军的上将军，诸侯都臣服于他。

【注释】❶悉：全，所有。❷釜（fǔ）甑（zèng）：釜与甑都是古代的炊具。❸庐舍：军队的临时住处。❹九战："三""六""九"在古代都是虚数，意指多次。❺自烧杀：自焚而死。❻壁上观：在壁垒上观看。❼憎恐：惊骇惶恐。❽辕门：将帅的营门。

词语收藏夹

一、破釜沉舟：比喻下决心，不顾一切干到底。
例句 这次比赛，他们抱着破釜沉舟的决心。
二、以一当十：以少数人抵抗多数人，比喻奋勇作战。相似的词语有"以寡敌众"。
例句 外寇来犯时，村里的人以一当十，奋勇杀敌。
三、作壁上观：不肯插手帮忙，只是在一旁观看结果。
例句 再怎么样，你也不能作壁上观，必须帮我一把呀！

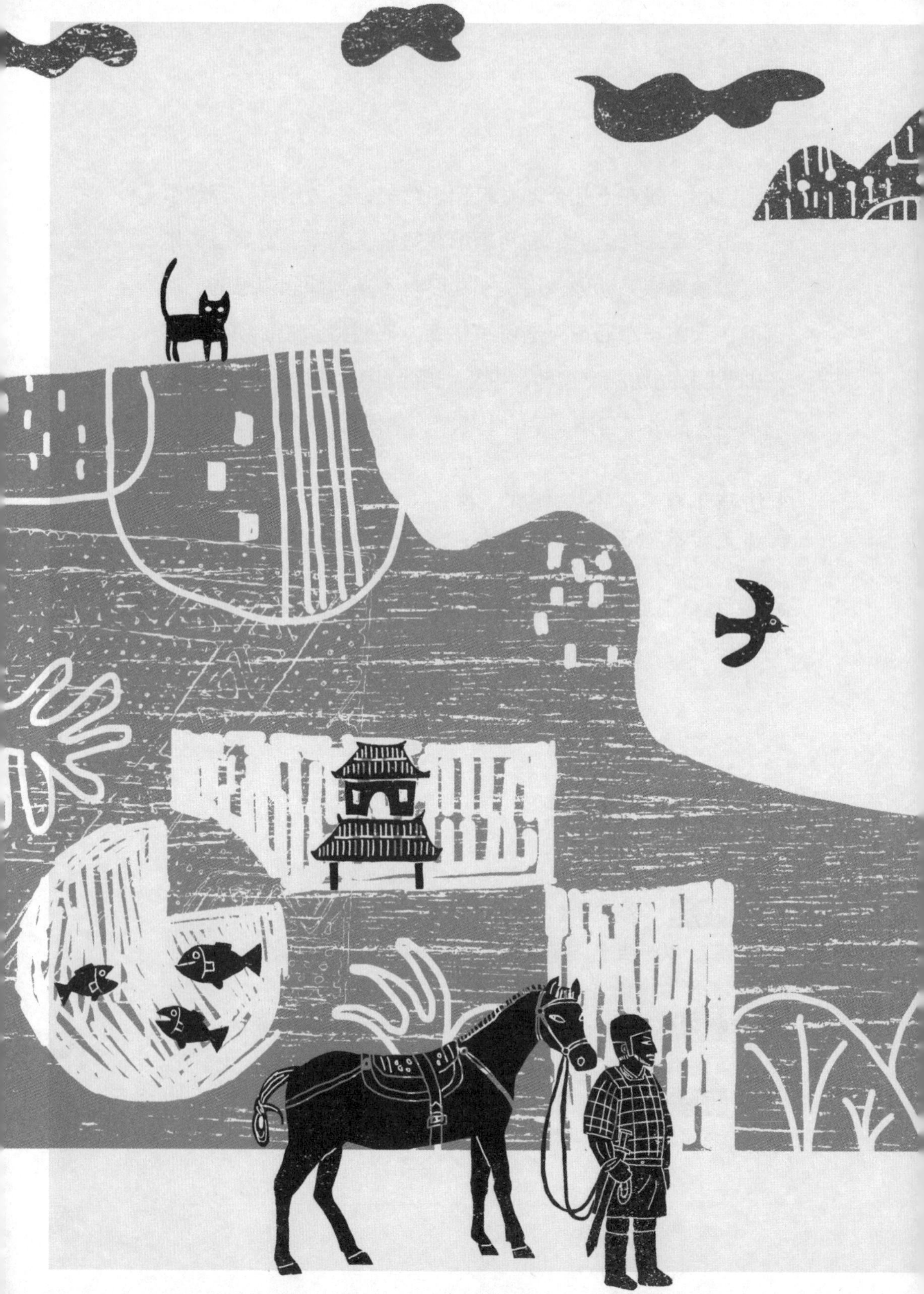

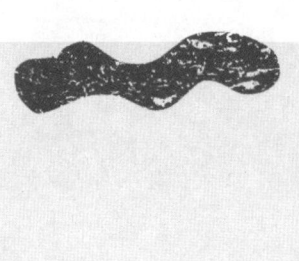

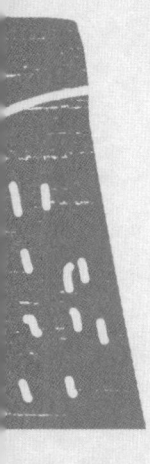

一场错过未来的宴会
项羽鸿门宴的故事

力能扛鼎的项羽可谓神通盖世，可是过于神勇的人往往缺少谋略，项羽就是一个有勇无谋的人。他的骄傲和刚愎自用，为他日后的悲剧性结局埋下了伏笔。

项王之怒

听完曹无伤的密报，项羽再也压制不住心中的怒火，决定对刘邦出兵："明天让将士们饱餐一顿，准备痛击沛公！"

沛公指的就是刘邦。刘邦出生于沛县，也在那里起兵抗秦，所以被称作沛公。

当时，项羽拥兵四十万，驻扎在鸿门，而刘邦拥兵十万，驻扎在霸上。兵力相差悬殊，刘邦根本不是项羽的对手。更何况项羽骁勇善战，而鸿门和霸上都位在关中，距离相当近。

提起"关中"，项羽心中就有气。

早先，楚怀王和大家约定："先入关中的人就当关中的王。"不是项羽，谁敢先踏进关中一步？

但不识时务的刘邦，不仅先入了关中，还破了关中的秦都咸阳。

至于项羽，则被刘邦派来的守关将士挡在函谷关外头。项羽命人迅速击破函谷关，把大军带入关内。

刘邦向老天借了胆，竟然在项羽面前抢风头！正当项羽为这些事情发火时，曹无伤的通报又火上添油。

曹无伤是刘邦的手下，眼看情势对刘邦不利，便派人去告诉项羽："沛公想在关中当王，让秦朝的亡国之君子婴做丞相，要把秦都所有的财宝占为己有。"曹无伤这么做，无非是想在项羽成功后，凭借这个讨点封赏。

然而，就是曹无伤的这些话，促使项羽下定了攻打刘邦的决心。

范增是项羽军中的老臣，被项羽称作亚父，擅长使用计谋。他对项羽说："沛公以前在山东的时候，贪财又好色。如今他入了关，一点钱财都不拿，一个女人都不碰，这个人的志气不小。"他还说："我派人去观察他那里的云气，都是龙虎的形状，五彩缤纷，是天子的气象。你要赶紧对他出击，千万不要丧失机会。"

张良的应变之计

项伯是项羽的叔父，也在项羽帐下，由于张良过去对他有救命之恩，因此一直以来项伯对张良都很好，但张良此时正跟随刘邦。

得知项羽要攻打刘邦的计划后，项伯连夜奔往刘邦军营，私下会见张良，着急地说："别跟着沛公一块送死，跟我走吧！"

张良冷静地回答："沛公现在遭遇到紧急状况，我若一走了之，于道义上说不过去。不行！我得告诉他。"转身便去找刘邦。

刘邦一听事情发展到这种地步，大吃一惊，慌张地说："这该怎么办？"

张良问："是谁出的主意，让大王派兵去守函谷关的？"

刘邦回答："有个读书人对我说：'派兵去守函谷关，别让诸侯们进来，这样就可以在秦的土地上称王。'我一听这个主意不坏，就照做了。"

张良又问："难道大王没想过，自己的部队能不能抵挡得了项王？"

刘邦沉默了好一会儿才说:"兵力当然比不上。但事已至此,该怎么办呢?"

张良说:"现在唯一的办法就是请项伯来,表明您不敢背叛项王。"

刘邦探知项伯和张良的关系后,就让张良去请项伯来,尊他为兄长,奉酒为他祝寿,还为彼此的儿女定了亲,结为亲家。

刘邦谦卑地对项伯说:"我从入关以后,毫毛般大小的东西都不敢碰,把百姓一一登记在册,把存放财宝的府库封好,就是要等项王来。我之所以派兵去守函谷关,为的是防备盗匪和意外的状况。我日日夜夜盼着项王来,怎么敢反叛呢?希望项伯兄为我把话详细转达项王。"

项伯答应了刘邦,并对他说:"明天请早一点来跟项王谢罪。"

项伯连夜赶回鸿门,把刘邦说过的话向项羽呈报:"要不是沛公先破了关中,您能这么容易就入关吗?别人立了功劳,我们却去攻打他,这不合乎道义,不如就好好对待他吧!"

项羽答应了他的叔父。

鸿门宴上的杀机

第二天一早,刘邦带着一百多名随身护卫来见项羽。

到了鸿门,刘邦诚惶诚恐地对项羽谢罪:"属下和将军合力攻秦。将军打河北,我打河南,可是没想到我居然能先入关破了秦都,还能活着在这里见到将军,真是万幸!现在有小人挑拨离间,让我们产生了误会。"

项羽释怀地说:"是沛公的部下曹无伤对我说了一些话,否则我也不会这样。"

项羽邀刘邦一起喝酒。项羽和项伯向东坐,范增向南坐,刘邦向北坐,张良向西坐。

在酒宴中,范增对项羽使了好几次眼色,又再三举起自己所佩戴的玉玦向项羽示意,暗示他该有所"决"断,可是项羽毫无反应。

范增起身到营帐外,将项羽的堂弟项庄找来,对他说:"主上为人不够狠。你立刻上前去敬酒助兴,请求舞剑,找机会把沛公给杀了。否则,将来你们都要成为他的俘虏。"

于是,项庄进入营帐敬酒祝寿。

项庄说:"主上和沛公喝酒,军中没有什么节目好娱乐,不如让我献上一支剑舞,助助兴。"

项羽说:"好。"

项庄便拔出剑,舞了起来。

项庄所跳的剑舞,步步隐藏杀机。项伯见苗头不对,也拔出剑来舞,一直用身体遮护着刘邦,让项庄没办法下手。

抢救刘邦

这时,张良来到军营外的大门,找到樊哙(kuài)。

樊哙问:"里面的事情怎么样了?"

张良摇头说:"很紧急。项庄正在舞剑,对沛公不怀好意。"

樊哙心急如焚,说:"情势逼人!让我进去跟他拼命!"说

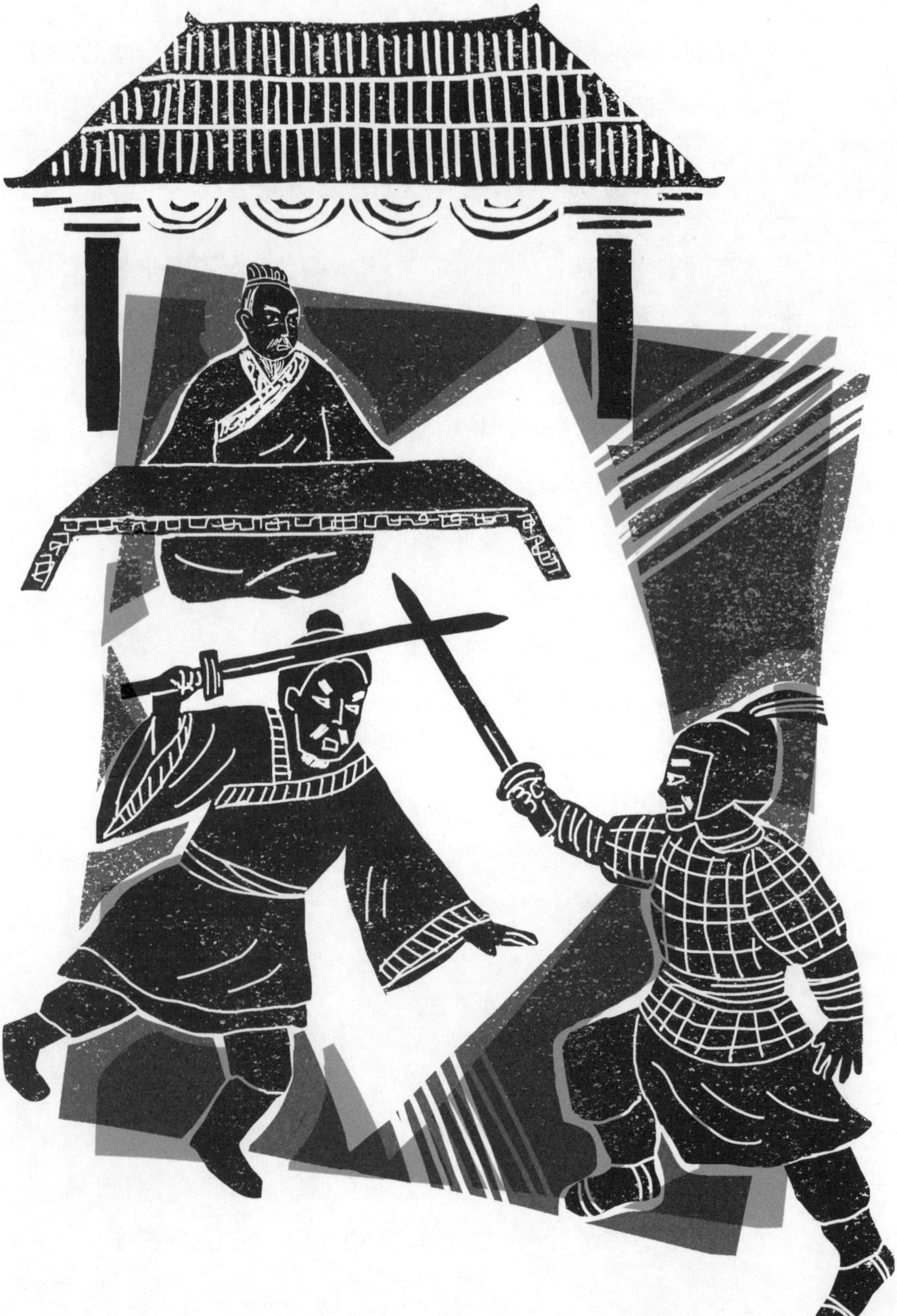

完便带着剑，拿起盾，往军营大门里冲。

持戟（jǐ）的卫士不让他进去，樊哙就侧着身体用盾把他们撞倒在地。

樊哙步入营帐，拉开帷幕，睁大眼睛看着项羽，瞪得眼眶都要裂开，头发都竖了起来。

项羽警惕地按着剑，准备起身，问道："来者是谁？要做什么？"

这时张良也入了营帐，对项羽说："是为沛公驾车的樊哙。"

项羽仔细打量樊哙，说："好个壮士！赐他一杯酒。"一旁伺候的人为樊哙倒了一大杯酒。

樊哙拜谢，站着喝酒。

项羽说："赐他猪腿。"一旁伺候的人给了樊哙一条生猪腿。

樊哙把盾扣在地面，把生猪腿放在盾上，拔出剑，用剑切着猪腿肉来吃。

项羽问："壮士，你还能喝酒吗？"

"死都不怕，还怕喝酒？"樊哙索性把话挑明了，"秦王的心像虎狼一样狠毒，杀人唯恐杀不完，对人动用刑罚唯恐太轻，以致天下的人都背叛他。怀王跟将军们早有约定：'先破秦进入咸阳的，就让他在关中当王。'现在沛公破秦先入咸阳，点滴大的东西都不敢碰，封了所有的宫室，还把部队带回霸上，就是在等大王您前来。他之所以派兵去守函谷关，也是为了防备盗匪和意外的状况。如此劳苦功高，您却没有半点儿封赏给他，还听信小人之言，要杀有功的人。这种做法跟已经灭亡的秦有什么不一样？我认为大王不该如此！"

项羽没有回应樊哙的话，只说："坐下！"

于是，樊哙就坐在张良的旁边。

遁逃

没多久，刘邦起身去上厕所，把樊哙一起招出营帐。

刘邦离席后，项羽派都尉陈平去找他。

刘邦很想借机溜走，又怕会得罪项羽，着急地说："刚才没告辞，现在却想离开，怎么办？"

樊哙说："做大事的人不要拘泥小节。人家现在是刀和砧板，我们是鱼跟肉，还告什么辞呀？"樊哙催促刘邦赶紧上路。离去前，刘邦要张良留下来赔罪。

张良问："大王来的时候，带了什么礼物？"

"我带了一双白璧，要献给项王；带了一对玉斗，要献给亚父。因为刚刚他们在生气，没机会献给他们。你就为我把礼物献上吧！"

于是，刘邦把车留在原处，骑上马，由樊哙跟四位步行的亲信护送，抄小路回霸上。等他们走远，张良才回营帐向项羽禀报："沛公酒力不太好，喝醉了，不能亲自来告辞。他吩咐我奉上一双白璧，献给大王；一对玉斗，献给大军师亚父。"

项羽问："沛公现在在哪里？"

张良说："听说大王有意要责罚他，所以先走了，现在应该已经回到军中。"

项羽接过那双白璧，把它们放在座位上。

范增接过玉斗，气得把它们丢在地上，拔出剑来将它们砍烂，说："唉！这小子根本不足以共谋大事。将来夺取项王天下的，一定是沛公。我们这些人都要成为他的俘虏。"

刘邦回到霸上，立刻杀了曹无伤。

五年后，刘邦在楚汉相争中逼得项羽在乌江边自杀。

项羽一直到死，仍不知道五年前在鸿门的那场宴会上，他到底错过了什么。

三分钟读历史关键

项羽凭着异于常人的神勇崛起。

年轻时，项羽力能扛鼎，随着叔父项梁起兵抗秦，所向无敌。

巨鹿一战，项羽击败秦军的主力部队，在军营中召见诸侯将领，那些将领都跪在地上爬行，不敢抬头看项羽。想必当时，项羽的心里十分享受那种"威震天下"的滋味吧！

神勇之人的缺点可能是容易骄傲。容易骄傲的勇猛之人，很少容得下别人抢在自己的前头。因此，当刘邦抢先于项羽进入关中、攻破秦都咸阳，项羽的心里就很不是滋味。而当刘邦在鸿门宴上表现得对项羽万般臣服时，容易骄傲的项羽又变得自满起来。

神勇之人的另一个缺点可能是缺少智谋。因此，当张良用"义"这个字来设计项羽，替刘邦解除危机时，缺少智谋的项羽就被套在这个"义"字里，完全没想到这只是刘邦的虚情假"义"，凭空让一次诛杀日后大患的机会从手中溜走。

勇而骄，勇而无谋。从鸿门宴上的表现，就能看出项羽的未来不是很乐观！

史记原典精选

项庄拔剑起舞，项伯亦拔剑起舞，常以身翼蔽❶沛公，庄不得击。于是张良至军门❷，见樊哙。樊哙曰："今日之事何如❸？"良曰："甚急。今者❹项庄拔剑舞，其意❺常在沛公也。"

《史记·项羽本纪》

项庄拔出剑来舞剑，项伯也拔出剑跟项庄一起舞剑，并且一直用身体遮护着沛公，项庄因此找不到刺杀沛公的机会。于是，张良来到军营外的大门找樊哙。樊哙问："里面的事情怎么样了？"张良说："状况很紧急。项庄正在舞剑，其目标却是沛公。"

【注释】❶翼蔽：遮护。❷军门：军营外的大门。❸何如：怎么样。❹今者：现在。❺意：意念、所想要的。

词语收藏夹

一、项庄舞剑，意在沛公：意为表面上做这件事，但其实有别的企图。

例句　对方这么做似乎别有用意，莫非是"项庄舞剑，意在沛公"？

二、不拘小节：不被生活上的小规矩所拘束。

例句　阿强是个不拘小节的人，凡事能往大处着想。

三、人为刀俎（zǔ），我为鱼肉：比喻受制于人，处在任人摆弄的境地。俎，砧板。

例句　如今对方步步紧逼，我们却一点反抗的能力也没有，这岂不是"人为刀俎，我为鱼肉"吗？

第3章秦汉

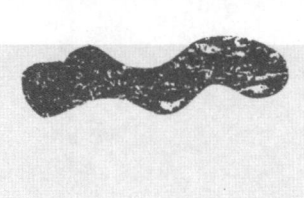

英雄末日
项羽四面楚歌的故事

项羽会成功是因为他的勇,会失败是因为他的暴。就像现在所说的『性格决定命运』,项羽最终会英雄末路,自刎乌江,完全是他的性格所造成的。

夕日将尽

汉五年（公元前202年），楚汉战争进入尾声。项羽驻扎在垓(gāi)下，兵少粮尽，还被刘邦的汉军和其他诸侯的部队团团围困。

夜里，他听到四面的汉军都唱着楚歌，不禁大吃一惊，说："汉军已经占领楚国的土地了吗？"

项羽睡不着，起身在营帐里喝酒。

虞姬是项羽最宠幸的美人，骓(zhuī)是项羽常骑的骏马。项羽看着陪伴他的虞姬，又望了望营帐外的骏马，不禁悲从中来，慷慨激昂地唱起歌：

力拔山兮气盖世，

时不利兮骓不逝。

骓不逝兮可奈何，

虞兮虞兮奈若何！❶

这首《垓下歌》唱了一遍又一遍，而虞姬也以诗歌和大王相唱和。

项羽在战场上杀人如麻，刀起刀落间从没眨过眼。但这时，他流下了几行清泪，而他的随从们也都流下悲伤的泪水，不忍抬

---

❶我的力量大得能将山拔起，气势在世上所向无敌。如今形势不利于我，宝马都不再奔驰。宝马不再奔驰怎么办？虞姬呀虞姬，你怎么办？

头看他们的主子。

一代英雄竟落得如此下场。项羽到底是怎么走到这一步的?

听不进耳里的劝

事情得从五年前的鸿门宴说起。

刘邦为抢先一步进入秦都咸阳一事,前来鸿门向项羽谢罪,对项羽表示屈服。

项羽没有听从军师范增的计谋,在酒宴上没杀刘邦,刘邦得以安全脱身。

鸿门宴过后没几天,项羽带兵西进咸阳,上演了一出"屠城记"。他杀了已经投降的秦皇子婴,烧毁秦的宫室,大火连续烧了三个月都没有熄灭。

对于曾经毁了他祖国的秦国,项羽有一股强烈的恨意。然而在某些做法上,他和他所痛恨的秦国却是如此相似——战国时期,秦将白起在长平活埋了赵国的兵卒四十万人;在入关之前,项羽在新安也活埋了秦国的降兵二十万人。这在历史上都是骇人听闻的事件。

项羽搜寻完咸阳城中的财宝和妇女,准备返回故乡。

有人建议项羽在关中建都称霸。

项羽看着残破的咸阳城,心中想念着东方的故乡,说:"人有了富贵却不回故乡去,就像身着锦绣的漂亮服饰在夜里走动,谁会看到呢?"

进言的人在背地里和人议论:"听人家说,楚地的人生性急躁，就像猕（mí）猴学人穿衣戴帽，今日一见，果然如此！"

项羽听了这番讥笑他的话，非常不高兴，下令把那个人抓去烹煮了！

立诸侯王，杀义帝

接着，项羽派人去问楚怀王谁当关中之王的事。

楚怀王回答："就按照原先的约定。"

言下之意，楚怀王是要立刘邦为关中之王。

在项羽眼中，楚怀王只是个空壳子。他那已经战死沙场的叔父项梁当初在起义时，为了增加号召力，才依范增的建议把流落在民间、为人牧羊的楚怀王的孙子熊心找来，立他为国君，仍号楚怀王。君王由他当，但仗是谁在打？

如今秦朝已灭，若要继续尊怀王为君主，大家也该论功行赏，把地分一分，得个实质的好处。

项羽尊怀王为"义帝"，对众将军说："消灭秦朝，平定天下，是各位将军大臣和我项羽所出的力。义帝既然没什么功劳，大家就应当把地分了好称王。"

这话说得很露骨，但将军们都说好。于是项羽划分天下，立众将为诸侯王，一共封了十八个诸侯王。

关中并没有封给刘邦，而是一分为三，封给了章邯、司马欣和董翳（yì）这三个秦国降将，号称"三秦"。

至于刘邦，他被封到边远的巴蜀，当汉王。项羽的理由是："秦国把受刑罚的人都流放到巴蜀去，那里有秦国的人，也算是

'关中'。"

项羽自立为西楚霸王，建都在彭城，统辖梁楚九个郡。

这时的项羽沾沾自喜于如日中天的威名，却不知他的分封已埋下了祸根。

项羽封了田都等三位田氏诸侯为王，就是不封无功的田荣。田荣不服，起来反抗项羽，击杀其他田氏，自立为齐王。项羽大怒，率兵北上攻打田荣。

刘邦伺机而动，向东面出兵真正的关中，降服了"三秦"。

项羽因为忙着对付田荣，一时无法分身对付刘邦。

在此之前，本来就瞧不起义帝的项羽，在把义帝迁往长沙的路上，叫人把义帝给杀了。

不久后，刘邦得知义帝的真正死因，号啕大哭，为义帝发丧。他派使者告知各诸侯王，谴责项羽"大逆不道"，希望各诸侯王一起讨伐项羽。

楚汉相争

为时五年的"楚汉相争"，一开始就呈现出紧张激烈的局面。

田荣被百姓所杀，田荣的弟弟田横继续带兵反抗。

趁着项羽被牵制在齐国，刘邦联合其他五个诸侯率领五十六万人，前去攻打项羽的根据地楚都彭城，并将它占领。

得知消息后，项羽带着精兵三万人从齐国赶回楚国，在彭城杀得汉军连连败退。当时死在河流里的汉兵就有十多万人，河道都被堵塞了。

汉王刘邦一路逃，项羽一路追。若不是一阵怪风吹得楚军东倒西歪，刘邦早已死在项羽的刀下。

此后，两军在荥（xíng）阳和成皋（gāo）之间形成拉锯战，项羽明显占了上风。刘邦经常被项羽打得落荒而逃，甚至连家眷都顾不了，父母和妻子都落在项羽手中，成了人质。

不过到了后来，刘邦采用陈平的离间计，成功地挑拨了项羽和重臣范增的关系，扭转了不利的局势。高祖三年（公元前204年），汉军驻扎在荥阳，因楚军攻势猛烈，而汉军粮食短缺，刘邦便向项羽请求讲和。项羽的使者来到汉营后，刘邦叫人准备了猪、牛、羊齐全的盛宴，准备呈上来。一见到项羽的使者，刘邦假装吃惊地说："我原本以为是亚父的使者，怎么会是项王的使者？"便把猪、牛、羊都撤了，换上粗劣的食物。使者回去后将这件事回报项羽，项羽怀疑范增和刘邦暗通款曲，便渐渐削减了他手中的权力。

范增见项羽对自己如此不信任，气得不得了，对项羽说："天下事大致已定，君王自己能做主。请允许我带着这把老骨头，回归故乡。"

项羽答应了他。范增因此离开项羽，回老家彭城去，不料却因背上的毒疮发作，死在半路上。

刘邦本来就有张良、萧何等能干的臣子，如今又获得从项羽那边投靠过来的陈平、韩信、英布等人，队伍日益壮大。而刘邦的另一名大将彭越，对项羽大后方的侵扰也见到成效，常让项羽的部队粮食短缺。

楚军粮道被截，项羽忧心不已。

项羽命人做了一张高高的桌子，把刘邦的父亲刘太公放在桌上，让汉军远远就能看得到。

项羽威胁刘邦说："你再不投降，我就把太公烹了。"

刘邦回复："我和你当初都侍奉楚怀王，承怀王之命，约为兄弟。我的父亲，就是你的父亲。你若要烹煮你的父亲，那就请你分我一杯羹！"

项羽大怒，要杀太公。项伯劝说："天下之事，难以预料。况且，想争天下的人哪顾得了家？杀了太公也没用，徒增祸患罢了！"由于项伯的这番话，项羽才打消了杀太公的念头。

楚汉相争，僵持不下。两军在广武对阵。项羽对刘邦说："天下这几年纷扰不安，都是因为你跟我。我要跟你单挑，一决雌雄，不再牵累天下百姓。"

刘邦笑着拒绝："我这个人宁可斗智，不愿斗力。"

项羽只好出兵进击。这一仗，项羽射伤了刘邦，逼他败走。

刘邦老是打败仗，但手下的大将军韩信却屡传捷报。

韩信在黄河以北屡建战功，平定齐国和赵国，对楚军造成威胁。

项羽派大将龙且（jū）率兵迎击韩信，不料大败，龙且被杀。

楚汉几番交战，楚军始终被粮食补给的问题所困扰。项羽决定亲自领兵去铲除彭越。他命令海春侯等人守住成皋，吩咐说："汉军若是挑衅，千万别出战。我十五天必杀彭越而回。"

项羽一走，汉军果然向楚军挑战。楚军不肯迎战，汉军便派

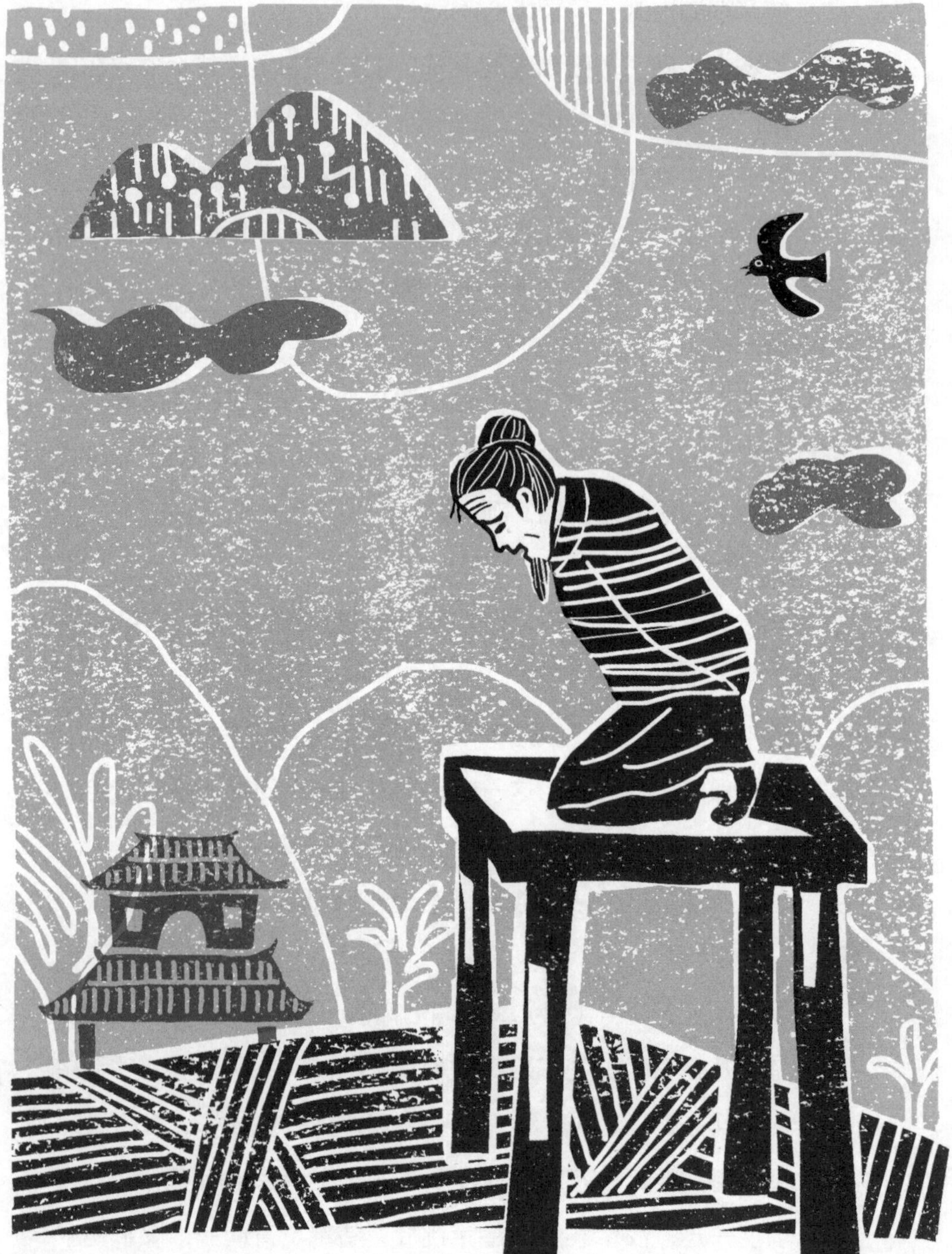

人羞辱楚军。五六天后，楚军被激怒，按捺不住，出城迎战，却在渡汜（sì）水时遭到汉军的伏击。

汉军大破楚军，夺得楚军所有的物资。海春侯等几名楚将在汜水自杀。

项羽人在睢（suī）阳，听说海春侯兵败，连忙把调转军队往回赶。这一去一返，兵倦马疲，粮食也快吃光了。

刘邦派陆贾去见项羽，希望能迎回太公等家眷，项羽不肯放人。于是刘邦再派侯公去游说，约定双方以鸿沟为界，东归楚，西归汉，项羽这才把刘邦的父母和妻子等人都还给刘邦。

这年是汉建国的第五年（公元前202年）。项羽打算带着部队回东边去，刘邦也想履行诺言带兵回西边去。

张良和陈平劝刘邦说："项羽的军队这时已筋疲力尽，粮食也吃光了，正是千载难逢的机会。如果现在放他走，无疑是放虎归山。"

刘邦听了，深表同意，于是背弃和约，反过来追击项羽，后来在韩信和彭越的合力围攻下，把项羽困在垓下。

这关键的一击，让项羽从此一蹶不振。

最后的英雄气概

"力拔山兮气盖世，时不利兮骓不逝。"在垓下，项羽听到四面楚歌，自觉气数将尽，不免唱起悲歌，"骓不逝兮可奈何，虞兮虞兮奈若何！"

跃上马背，项羽带着八百多名骑兵，连夜往南突围而去。

直到天明，汉军才发现项羽已突围，立刻让骑将灌婴带领五千名骑兵追击。

项羽急渡淮河，能跟上的部属只剩百来个。

途中，项羽迷了路，向一名农夫问路。农夫骗他走了错路，害他陷在大沼泽，被汉军追上。项羽带兵再往东走，到了东城，身边只剩二十八名随从，而汉军追上来的骑兵有数千名。

项羽知道自己难以逃脱，就对随从们说："从起兵到现在已经过了八年，历经七十多场战役，我从没吃过败仗，才能称霸天下。现在困在这里，是天要亡我，不是我不会打仗。既然要决一死战，那么我就为各位战个痛快，一定要连胜三场，帮大家突围、斩将、割旗，让大家知道是天要亡我，不是我作战失误。"

项羽把随从分作四队，朝四个方向突围。

汉军将他们重重包围。

项羽对随从说："来，我为你们斩杀一将！"随即命令随从奔驰而下，约定在山的东面分三个地方会合。

项羽大喊一声往前冲，趁着汉军散乱的时候斩了一名敌将。

就在这个时候，汉军有一名骑将追上来。项羽瞪了他一眼，吼了他一声，吓得那名骑将连连退避了好几里。

项羽在山的东面和分作三处的随从会合。

汉军不知道项羽在哪一处，也跟着分成三队，重新包围。

项羽纵马一跃，又斩了汉军一名都尉，杀了上百人。把随从再度聚集，算一算，只损失了两个人。项羽对随从们说："如何？"

随从们都佩服得五体投地："果真如大王所说。"

宁死也不渡乌江

项羽一路奔到乌江边，有个亭长（相当于里长）把船撑了过来，对项羽说："江东虽小，地方千里，人口有数十万，也足够您称王了。希望大王赶快渡河。河面上只有我有船，汉军若到，肯定过不了。"

项羽笑着回答："天要亡我，我还渡河？当初我跟江东子弟八千人渡江而来，现在没有一个人生还。纵使江东父老可怜我，让我做王，我又有什么脸见他们？就算他们不说，我心里难道就不觉得惭愧吗？"

项羽将爱马送给亭长，让他载着马过河。然后他和随从拿着兵器，徒步和追来的汉军搏斗。

项羽杀了数百人，身上受了十多处的伤。

在交战中，项羽看见汉军当中有个叫吕马童的故人，便说："我听说汉王用千金和封地万户的悬赏来买我这颗人头。我这就送给你！"项羽话一说完，拿起剑抹了脖子，自刎而死。

汉军一拥而上。为了抢夺项羽的遗体，汉军自相残杀的有数十人，而抢到他身体一部分的，后来果真都封了侯。

一代英雄，曾经叱咤风云，如今意气已尽，走上了末路。

三分钟读历史关键

《史记》的作者司马迁对项羽可说是又爱又恨。爱的是他的"勇"：在乱世中从民间崛起，几年间就能称霸，号令天下。恨

的是他的"暴"：只靠武力来图谋天下，做了令人非常不满的事，还埋怨别人背叛。

司马迁给项羽的结论是"叹"！他感叹项羽直到死前都不觉悟，而只是用"天亡我，非用兵之罪"这样的话来为自己辩解。

项羽会成功是因为他的勇，会失败是因为他的暴。司马迁对项羽成败的分析很像现代所说的"性格决定命运"，也就是说，项羽最后的发展怨不得天——他会英雄末路，兵败垓下，完全是他的性格所造成的。

人之所以会"暴"，也很可能是因为"急"。急着想要有所成就，急着想得到别人的肯定……说实话，项羽应该感谢那个骂他"沐猴而冠"的人，因为这个人指出了项羽致命的缺陷，可惜他竟被项羽给烹煮了。

史记原典精选

项王谓其骑曰："吾为公取彼一将。"令四面骑驰下，期山东为三处。于是项王大呼驰下，汉军皆披靡❶，遂斩汉一将。是时，赤泉侯为骑将，追项王，项王瞋目而叱之，赤泉侯人马俱惊，辟易❷数里。与其骑会为三处。汉军不知项王所在，乃分军为三，复围之。项王乃驰，复斩汉一都尉，杀数十百人，复聚其骑，亡其两骑耳。乃谓其骑曰："何如？"骑皆伏曰："如大王言。"

　　于是项王乃欲东渡乌江。乌江亭长檥❸船待，谓❹项王曰："江东虽小，地方千里，众数十万人，亦足王❺也。愿大王急渡。今独臣有船，汉军至，无以渡。"项王笑曰："天之亡我，我何渡为！且籍与江东子弟八千人渡江而西，今无一人还，纵❻江东父兄怜而王我，我何面目见之？纵彼不言，籍独不愧于心乎？"乃谓亭长曰："吾知公长者。吾骑此马五岁，所当无敌，尝一日行千里，不忍杀之，以赐公。"乃令骑皆下马步行，持短兵接战。独籍所杀汉军数百人。项王身亦被❼十余创。顾见汉骑司马吕马童，曰："若非吾故人❽乎？"马童面之❾，指王翳曰："此项王也。"项王乃曰："吾闻汉购我头千金，邑万户，吾为若德。"乃自刎而死。

《史记·项羽本纪》

　　项王对他的骑兵说："来，我为你们斩他一个汉将！"

随即命令骑兵四面奔驰而下，约好在山的东边分三处集合。接着，项王高声呼喊着冲上前去，汉军随之溃散，项王乘机斩杀了一名汉将。这时，担任汉军骑将的赤泉侯在后面追赶项王，项王瞪了他一眼，吼了他一声，赤泉侯连人带马都受到惊吓，退避了好几里。项王在山的东边与他的骑兵分三处会合了。汉军不知项王是在哪一处会合，就把部队分成三路，重新包围。项王驾着马冲了上去，又斩杀了汉军的一名都尉，连带杀了上百人，然后让自己的骑兵靠拢在一起，算一算，只损失了两个人。项王问骑兵说："怎么样？"骑兵们都佩服得五体投地："果真如大王所说。"

这时，项王想东渡乌江。乌江亭长把船停靠在岸边，对项王说："江东虽然小，地方有千里，人有数十万，也够您称王了。希望大王赶快渡江。现在江上只有我有船，汉军来到，也无法渡江。"项王笑着说："天要亡我，我还渡江做什么呢？我项羽先前带着江东子弟八千人渡江往西，如今没有一个人生还。纵然江东父老可怜我而让我称王，我又有什么脸面见他们呢？就算他们不说，我的内心难道不会感到惭愧吗？"项王对亭长说："我知道你是个忠厚长者。我骑这匹马五年了，所向无敌，曾经一天奔驰一千里，我不忍心杀了它，把它送给你吧。"接着，项王命令骑兵都下马步行，手持短兵器与追兵交战。项王一个人就杀掉汉军几百人，身上也负伤十几处。项王回头看见汉军骑司马吕马童,说:"你不是我的老相识吗?"马童这才与项王面对面,指给王翳说:"这就是项王。"项王说:"我听说汉王用黄金千斤、封邑万户的悬赏征求我的脑袋,我就把这份好处送你吧!"说完,自刎而死。

【注释】❶披靡:原指草木随风倒伏,这里比喻军队溃败。❷辟易:倒退的样子。❸檥(yǐ):停船靠岸。❹谓:对……说。❺王:称王。❻纵:纵然、即使。❼被:遭受。❽故人:旧友。❾面之:跟项王面对面。

词语收藏夹

一、衣锦还乡:身穿锦绣的衣服返回故乡。形容人功成名就后荣归故乡。

例句　经过在外二十多年的奋斗,王董事长如今衣锦还乡。

二、沐猴而冠:猕猴戴帽子,装成人的样子,比喻人虚有其表而品格低下。沐猴,即猕猴。

例句　别看他一表人才,其实是沐猴而冠罢了。

三、非战之罪:意指非战略上的错误。后人用这话来安慰失败者或撇清责任。

例句　关于这次比赛,我们会失败是因为对场地不熟悉,非战之罪。

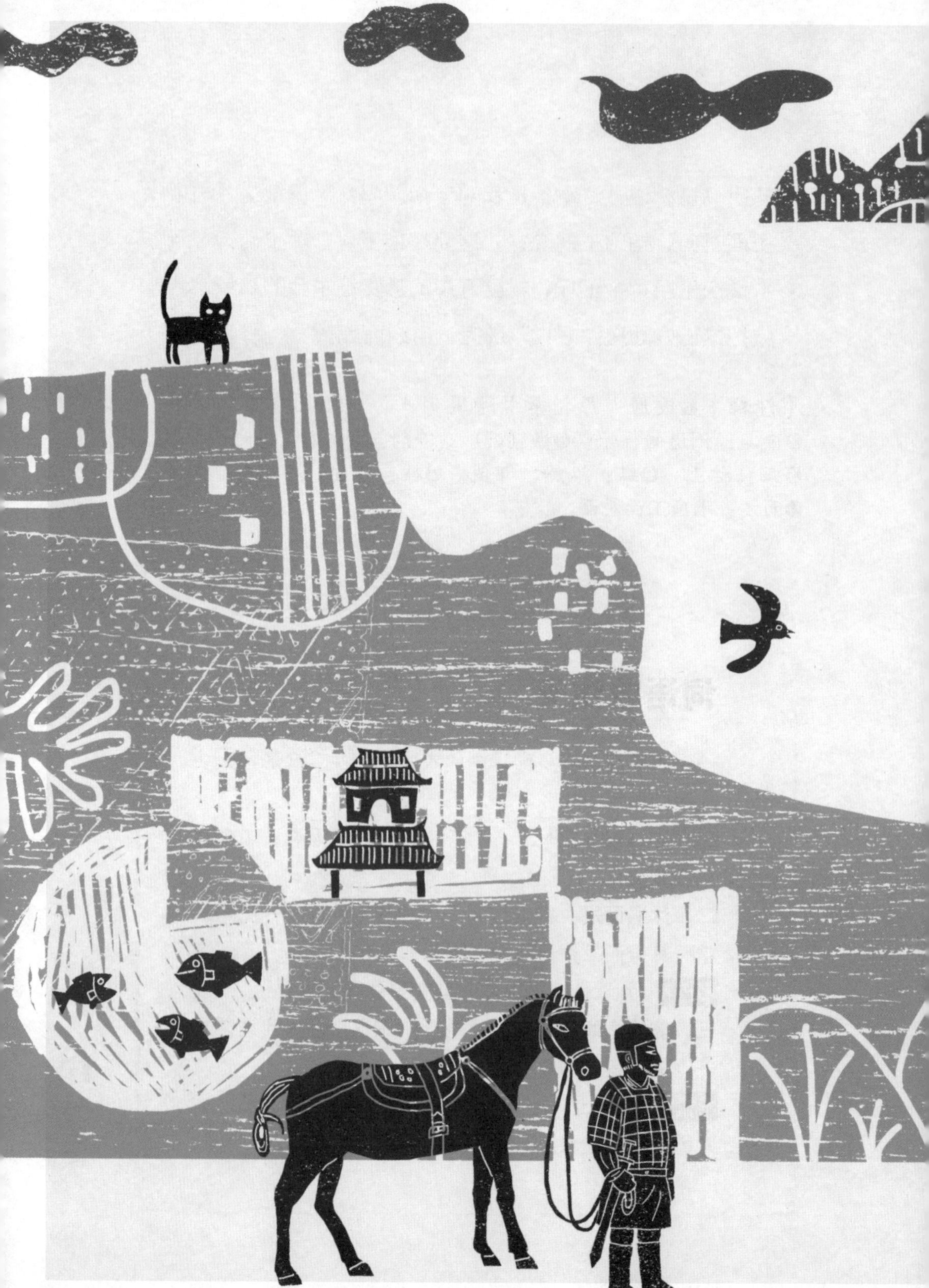

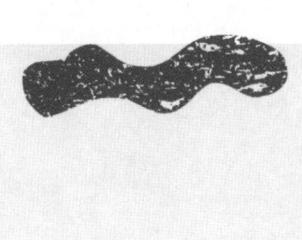

猛将难寻

刘邦称帝的故事

刘邦之所以能够反败为胜,完全是靠身边的人帮他出谋划策,他的『领导的艺术』非常值得学习。领导者要懂得善用人才,才能达到事半功倍的效果。

刘邦早期的传奇故事

刘邦是汉朝的开国君主，称作汉高祖，也叫作高帝。他能以一介平民当上皇帝，似乎是上天注定的。在他的故乡沛县流传的关于他的故事，都充满了传奇的色彩。

据说，刘邦是母亲在梦里梦见天神而产下的。那天，他的母亲在湖边的堤上小睡，梦见了天神，顷刻间雷电交加，天昏地暗。他的父亲刘太公来到湖边寻找妻子，看见妻子身上有一条蛟龙。当天，他的母亲就怀了孕，不久便生下刘邦。

刘邦长得鼻高额突，留着一把帅气的胡须，左大腿上有七十二颗黑痣。

他个性仁慈，为人慷慨，胸襟豁达，志气不小，但不喜欢帮家里做体力劳动。

长大后的刘邦当了泗水的亭长，既爱喝酒，又好女色，还经常捉弄官府里的同事。

刘邦每次到酒店喝酒，总会喊："记账！"奇怪的是，每当刘邦醉倒在地，店家主人总会在他身上看见龙的显像；而且每当刘邦来店里喝酒，店里的酒就会卖得比平常多出几倍。基于这个缘故，每到年底，刘邦经常去的那几家酒店总会主动将刘邦的账单销掉，不收他的钱。

齐地单父人吕公是沛县县令的朋友，为了躲避仇家，搬来沛县住。

沛县的豪杰和官吏听说县令家里来了贵客，都前来祝贺。

县令的主吏萧何负责收礼，对来宾说：“送礼不到一千钱的，请到堂下坐。”

刘邦一向瞧不起县衙里的官吏，便在礼帖上写了"贺礼一万钱"以欺骗萧何，实际上他一毛钱也没出。

礼帖送入，吕公见有人送一万钱，吃了一惊，连忙起身到门口迎接。吕公平常喜欢为人看相，此刻看到刘邦的相貌，心生敬重，请他到堂上坐。

萧何对吕公说：“这刘邦一向爱说大话，干不了什么正经事。”

但吕公不以为意。酒宴将尽，吕公使眼色要刘邦留下。

等宾客散场，吕公对刘邦说：“我从年轻时就喜欢为人看相，也看过不少人的面相，但从来没见有人的面相像你这样。希望你能好好爱惜自己。我有个女儿，想许配给你。”

听说这件事后，吕公的夫人气得责备吕公：“当初你总说女儿若想与众不同，就得嫁给贵人。沛县县令跟你交情不错，前来求亲，你都不答应，怎么就把女儿嫁给这么一个穷酸的小亭长？”

吕公回了她一句：“这种事，你们女人家不会懂的。”后来，吕公果真把女儿嫁给了刘邦。

吕公的女儿，在日后成了汉朝第一位皇后，就是后来的吕后。

刘邦在亭长的任内，有一次押送犯人到骊山去做工，途中跑掉了很多人。刘邦干脆请剩下来的那些人一起喝酒，然后把他们都放了，自己也打算逃走。在那些人当中，有十几个年轻的壮士看刘邦这么讲义气，都表示愿意跟随他。

夜里，刘邦喝得醉醺醺的，带着这批人沿着山里的小路前进。

在前头开路的人回报："前面有条大蛇挡在路中，我们还是往回走吧！"

刘邦说："大丈夫行走天下，一条蛇有什么好怕的？"于是走到前头，拔剑把那条大蛇斩成两半，继续前进。

又走了几里路，刘邦醉卧在地。

走在队伍最后面的人来到大蛇被斩死的地方，看见有个老妇人在那里哭泣，于是问她原因。

"你为什么在这里哭？"

老妇人说："我儿子被人杀了，所以在这里哭。"

"你儿子为什么被杀？"

"我儿子是白帝之子，化成蛇，只因挡住了道路，就被赤帝的儿子给杀了。"

问话的人认为她说话不老实，想责打她，哪晓得转眼间，老妇人就不见了。

等这些人赶上刘邦时，刘邦已经清醒了。他们说出遇见老妇人的事，刘邦听了，暗自高兴，认为自己真的不是普通人。跟随他的那些人也对刘邦愈发敬重。

秦始皇常说："东南方有天子气。"他数度东巡，就是想镇压这股气。

刘邦怀疑秦始皇所说的气跟自己有关，害怕惹祸上身，便躲藏在山泽岩洞之中。妻子吕氏带人去寻他，却每次都能找到。

刘邦很纳闷，问吕氏为什么每次都能找到他。

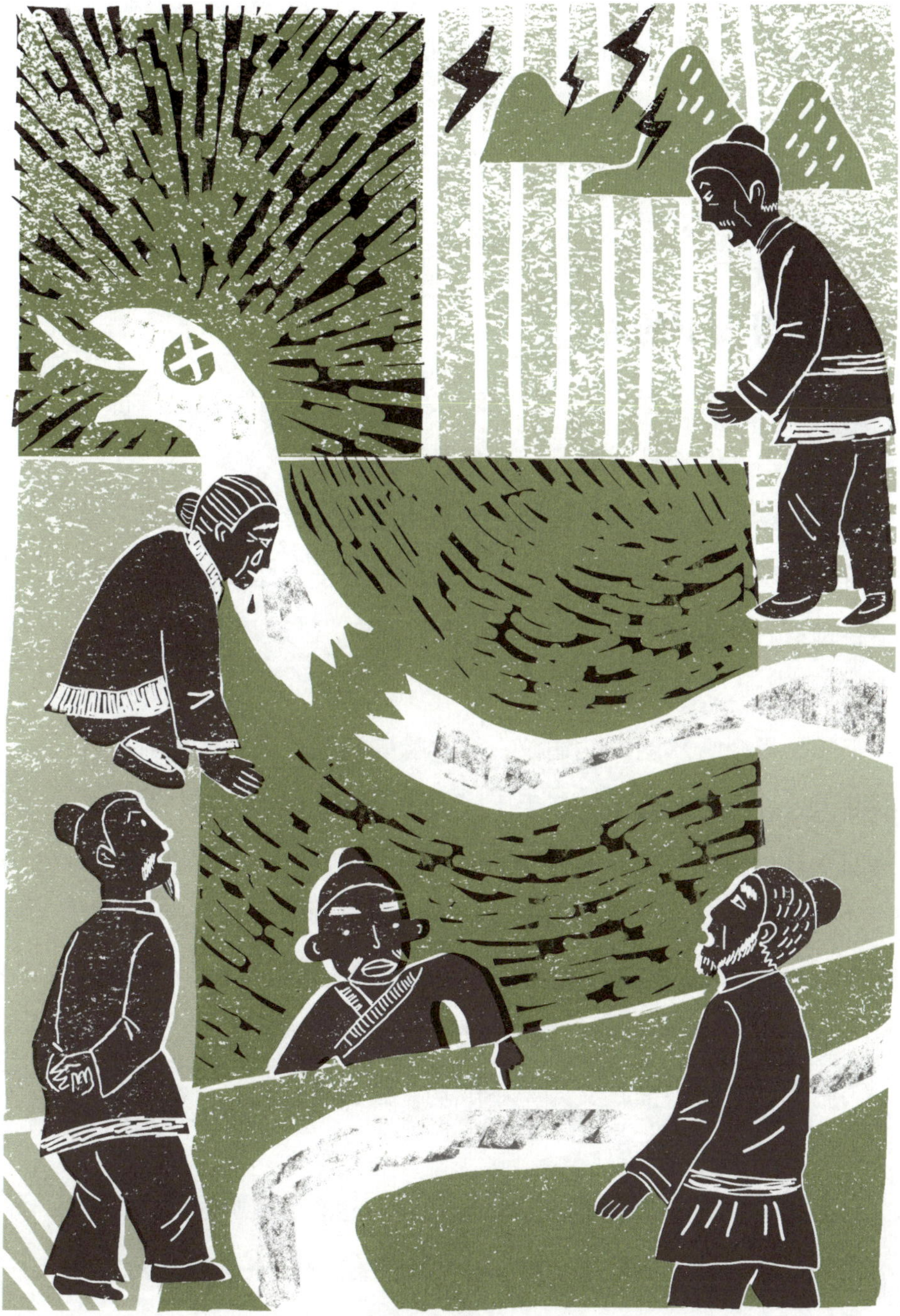

吕氏说："你所在的地方，空中总有云气，跟着云气走，就能找到你。"

刘邦听了，顿时心中大喜。许多沛县的子弟听到这件事，也都愿意前来依附刘邦。

最后赢得天下的人

秦二世元年（公元前209年），陈胜等人揭竿起义。很多人都杀掉当地的郡县官吏，响应陈胜的起义。

沛县县令非常恐慌，被情势逼得不能不反秦。部属萧何、曹参对县令说："您是秦的官吏，想带沛县的子弟造反，大家恐怕不会顺从。不如把逃亡在外的那些人召回来，以这几百人为基础，也好胁迫众人，让大家听话。"

沛县县令听从两人的建议，派樊哙去请逃亡在外的刘邦回来共商大计。这个时候，刘邦手下已聚集了好几百人。但沛县县令临时变卦，想杀掉萧何和曹参，逼得他们只好去投靠刘邦。

刘邦把写了讯息的布帛系在箭上，射进城里，鼓动沛县居民起义。于是沛县居民杀了县令，迎接刘邦入城。

刘邦决定在沛县起兵，要乡亲们推选一个领导人。

萧何、曹参害怕起义如果不成功，会遭秦朝灭族，都表示退让，要刘邦来当主事者。

沛县的父老子弟也都表示同意，因为他们早就听过关于刘邦的传闻，知道他不是等闲之辈，更何况他们就这件事占卜的结果也很好。

于是众人祭拜了黄帝和蚩尤，高举红旗，成立起义军。旗帜选择用红色，是因为传言说杀掉白帝之子的是赤帝之子。

萧何、曹参和樊哙等人就是从这时候起，跟着刘邦一起打天下。

刘邦的势力越来越雄厚，但在并起的群雄当中还不是最强的一个。尤其和项羽的实力相较，简直是小巫见大巫。后来刘邦投靠了项羽的叔父项梁，和项羽一起侍奉项梁所立的楚怀王。

秦始皇在世的时候，刘邦有一次被调到咸阳去做工，正巧遇见皇帝出巡并允许百姓观看。刘邦在看过之后叹了一口气，说："大丈夫该当如此！"

同样的，项羽在还没崛起之前，也曾和他的叔父项梁在钱塘江畔看过秦始皇出巡。项羽则说："那个人，我可以取代他。"

这两个人的志气都非同小可。在灭秦之后，刘邦当了汉王，而项羽当了西楚霸王。在这个时候，项羽的实力还是远远胜过刘邦。可是在历经五年的"楚汉相争"之后，项羽由胜转败，最后被逼得在乌江边自杀。

项羽死的时候，他的遗体被前来争夺的汉军撕成五大块。

这个神勇无比、在战场上大吼一声就能让敌人溃不成军的一代霸王，竟命丧在经常被他打得落荒而逃的刘邦手上，让刘邦最后赢得天下。

刘邦是怎么做到的？

刘邦的用人之道

刘邦取得天下的原因，绝对不是一句"是老天注定刘邦该当

皇帝"就能解释的。

刘邦之所以取胜的关键因素，是他懂得用人之道。相形之下，项羽在这方面就逊色多了。

最初，项羽身边也有很多人才，但许多人都因为不被信任或重用而选择离开，有的转而归顺刘邦，帮刘邦反过来攻打项羽，陈平、韩信就是其中最著名的两位。

刘邦本来就有萧何和张良等智囊，接着又有陈平和韩信等投靠而来的人，如虎添翼，整个阵营人才济济。这些人在关键时刻都帮过刘邦的大忙，帮助刘邦成就大业。

刘邦在大败秦军后进入关中，看到咸阳城的宫殿里满是珍贵的财宝和漂亮的美女，很想留下来。

樊哙劝他，他不听。

张良于是对刘邦说："秦朝无道，沛公才能到这里来。若是为天下铲除暴虐，就应该清廉朴素一点比较好。今天才攻入咸阳，就想享乐，这是所谓的助桀为虐。常言道：'忠言逆耳利于行，良药苦口利于病。'我劝沛公还是听樊哙的话。"刘邦这才收回心思，把秦宫的府库封好，带着军队回霸上去。

临走时，刘邦召集关中的父老豪杰，对众人说："我这就要回霸上去了。我希望跟你们约定三条法律：杀人的要处死，伤人及偷盗的要依刑责轻重来抵罪。其他的秦朝法令统统废止，旧有的官员照常处理公务，等诸侯来，再制定新的规约。"

关中的民众听了都很高兴，纷纷拿出了酒肉来犒赏刘邦的部队，但刘邦婉言谢绝。

刘邦说:"我们仓库里的粮食还有很多,谢谢大家的美意。"

关中的民众听了更高兴了,都希望刘邦能当关中王。

后来,项羽因刘邦先入咸阳而想杀刘邦。不知刘邦是否曾想过,幸亏他当时采纳了张良的建议,否则也不能拿"府库完封,以待项王"来当理由,最终化解了项羽蠢蠢欲动的杀机。

项羽进入咸阳后,大开杀戒,焚城三月。他哪里会知道,萧何早在刘邦入关时就已经将大量秦政府库藏的律令图书,带回去慢慢研究了。

而项羽毁掉的只是一个旧王朝的外壳,刘邦因萧何所得到的,却是建设一个新王朝的蓝图。当汉朝建立以后,萧何借鉴这些律令图书,为大汉帝国设计出一整套的法令制度。

萧何是屡次向刘邦推荐韩信的人。起初,刘邦并不相信韩信有什么本领,未依萧何的建议起用他。

当时,刘邦已被项羽封为汉王,入驻蜀地。韩信对自己未获重用感到非常失望,乘机逃离汉营。

萧何听到这个消息后,着急得没跟任何人说一声,就跃上马去追韩信,慌得刘邦以为萧何也逃走了,在军营里大发脾气。

两天后,萧何把韩信追了回来,带他去见刘邦。

刘邦见到萧何,又生气又高兴,说:"你怎么也跑掉了?"

萧何说:"我怎么敢跑呀?我是去追人的。"

"追谁?"

"追韩信。"

刘邦骂道:"军中跑掉的将领有十几个,你都没去追,却亲

自去追韩信？"

萧何说："跑掉的那些将领，随处都可以找到。至于韩信，绝对找不到第二个这样的人。如果大王想长久地待在蜀地，那就用不着韩信；如果大王想争夺天下，除了韩信，还能找谁呢？就看大王怎么决定了！"

"我的确想往东边发展，怎么能一直困在这里？"

"若是想往东边发展，那就任用韩信；若是不用，他迟早还是会逃走。"

刘邦想了想，说："好吧！看你的面子，我任命他当将领。"

萧何说："只是当将领，是留不住他的。"

"那就任命他当大将军吧！"

于是刘邦以隆重的仪式拜韩信为大将军。日后韩信帮刘邦平定各诸侯王的反抗势力，并在"楚汉相争"的最后阶段，联合彭越灭掉了项羽。

陈平叛楚归汉的初期，因有人说他生性贪财，也没得到刘邦的重用。

刘邦质问陈平："你为什么贪财？"

陈平回答："属下听说汉王懂得用人，才来归顺大王。刚来的时候，两袖清风，没有一点钱，真难办事。属下有好的计谋，希望大王采用；若不采用，这些钱财可以拿去充公，也请大王允许属下回老家。"

刘邦听了这番话，很欣赏陈平的坦率，便向他道歉，不仅赏他一笔财物，让他不必为生活开销伤脑筋，还升了他的官，开始重用他。

陈平帮刘邦出了反间计，成功分化楚军的内部，让项羽最重要的一位谋臣范增离开项羽。之后在许多重要的时刻，陈平都能帮助刘邦想出解决问题的办法。

汉朝建立后不久，有一次汉高祖刘邦与大臣们喝酒，问大家："我为什么能得到天下？项羽为什么会失掉天下？各位将军和诸侯，你们老实说给我听听。"

高起和王陵两人回答："陛下傲慢而轻侮人，项羽仁厚而爱人。但陛下每攻下一个地方，就会把那个地方封给攻占的将领，这是陛下与天下人同利；项羽妒恨有才能的人，对有战功的人都予以加害。因此贤能之士，都不肯相信项羽。将领们打了胜仗却没有功劳，得了土地也不封给将领，这就是项羽会失掉天下的原因。"

"你们只知其一，不知其二。"刘邦感慨地说，"论决策，我比不上张良；论经营，我比不上萧何；论打仗，我比不上韩信。这三个人都是人中豪杰，而我懂得重用他们，这就是我能得到天下的原因。项羽只有一个范增，却不懂得善用，这就是他会栽在我手里的原因。"

《大风歌》里的真情流露

然而过了没几年，韩信和彭越等功臣都因"谋反"的罪名被处死。紧接着，淮南王英布也起来造反。

高祖十二年（公元前195年），刘邦带兵平定了叛乱的英布。返回途中，路过故乡沛县。

他在行宫摆下酒宴，把旧时认识的友人和父老子弟统统召过来，和大家痛快饮酒，还找来一百二十个沛县孩童，教他们吟唱诗歌。

刘邦敲着筑（乐器），唱起自己编的歌，让那群小孩跟着学：

大风起兮云飞扬，

威加海内兮归故乡，

安得猛士兮守四方！

大风吹起，云也在飞扬，这是一个豪杰并起的年代。他刘邦最终能取得天下，威震海内，并且回到故乡。而今要怎么做才能获得勇猛的壮士，帮他一起守住四方的国土？

这首歌，唱出了刘邦的心声。

想着今事往事，唱着《大风歌》，刘邦感慨万千，不禁流下数行清泪。

这一年，刘邦于首都长安去世。

三分钟读历史关键

在楚汉相争里，刘邦经常被项羽打得落花流水，如同丧家之犬。他之所以能够反败为胜，完全是靠身边一批有才之人帮他克服各种困难。如果没有这些人的帮助，刘邦是无法实现其霸业的。

刘邦的成功为我们上了一堂课，课程名称叫作"用人的学问"。

领导者要懂得用人，才能取得事半功倍的效果。

如何掌握用人的学问？

首先是"认识自己"，要知道自己欠缺什么样的能力，需要什么样的人来补足。

第二是"认清别人的擅长之处"，了解自己所要用的人具备什么样的才能。

第三是"用对的人做对的事"，如果这个人很会出点子，那就让他来做规划的工作；如果那个人做事很有条理，那就由他来负责执行。

第四是"能够容人"，不要因为别人犯了一点过错就否定他，也不要因为别人的能力比你强就心怀嫉妒。

以上是刘邦能成为一位领导者的秘诀，当你学会时，也就具备了成为一位杰出领导人的资格。

史记原典精选

高祖置酒洛阳南宫。高祖曰："列侯诸将无敢隐朕，皆言其情❶。吾所以有天下者何？项氏之所以失天下者何？"高起、王陵对曰："陛下慢而侮人，项羽仁而爱人。然陛下使人攻城略地，所降下❷者因以予之，与天下同利也。项羽妒贤嫉能，有功者害之，贤者疑之，战胜而不予人功，得地而不予人利，此所以失天下也。"高祖曰："公知其一，未知其二。"高祖曰："夫❸运❹筹策❺帷帐❻之中，决胜于千里之外，吾不如子房。镇❼国家，抚❽百姓，给❾馈饷❿，不绝粮道⓫，吾不如萧何。连百万之军，战必胜，攻必取，吾不如韩信。此三者，皆人杰也，吾能用之，此吾所以取天下也。项羽有一范增而不能用，此其所以为我擒也。"

《史记·高祖本纪》

高祖在洛阳南宫摆设酒席。高祖说："各位诸侯和将领不要隐瞒我，都要说心里话。我之所以能够得到天下是什么原因？项氏所以失去天下是什么原因？"高起、王陵回答说："陛下傲慢而侮辱人，项羽仁慈而爱护人。然而陛下派人攻城略地，所招降攻占的地方就封给他，与天下人利益相共。项羽嫉贤妒能，有功的人加以陷害，贤能的人受到怀疑，打了胜仗而不论功行赏，取得了土地而不与分利，这就是他所以失去天下的原因。"高祖说："你们知其一，不知其二。"汉高祖刘邦说："在帐幕中运用计划和策略，以决定千里之外的胜负，我比不上子房（张良）。

安定国家，抚恤百姓，供应粮饷，让运送粮食的道路畅通，我比不上萧何。联合百万的大军，作战必胜，攻地必取，我比不上韩信。这三个人都是人中的豪杰，而我懂得任用他们，这就是我能得到天下的原因。项羽只有一个范增却不懂得善用，这就是他会被我打败的原因。"

【注释】❶情：实情，指心里话。❷降下：降服、攻下。❸夫：发语词，无义。❹运：运用。❺筹策：规划和计谋。❻帷帐：帐幕，尤其是指军营的帐幕。❼镇：安定。❽抚：安抚。❾给：供应。❿馈饷：军队所需的粮食和薪俸。馈，指饮食方面的事。饷，军队的薪俸或粮食。⓫粮道：输送粮食的道路。

词语收藏夹

一、慧眼识英雄：具有独特眼光的人，能辨识英才。

例句　王叔叔很有才能，却总是遇不到慧眼识英雄的人。

二、约法三章：原指约定三条法律，后来泛指预先约好或规定好某些事。

例句　爸爸跟我约法三章，只要我不跟妹妹吵架，他就带我们去看电影。

三、运筹帷幄：居于幕后谋划。帷幄，军中帐幕。

例句　有老师在一旁运筹帷幄，我们班在这次的运动会比赛中，一定能勇夺冠军。

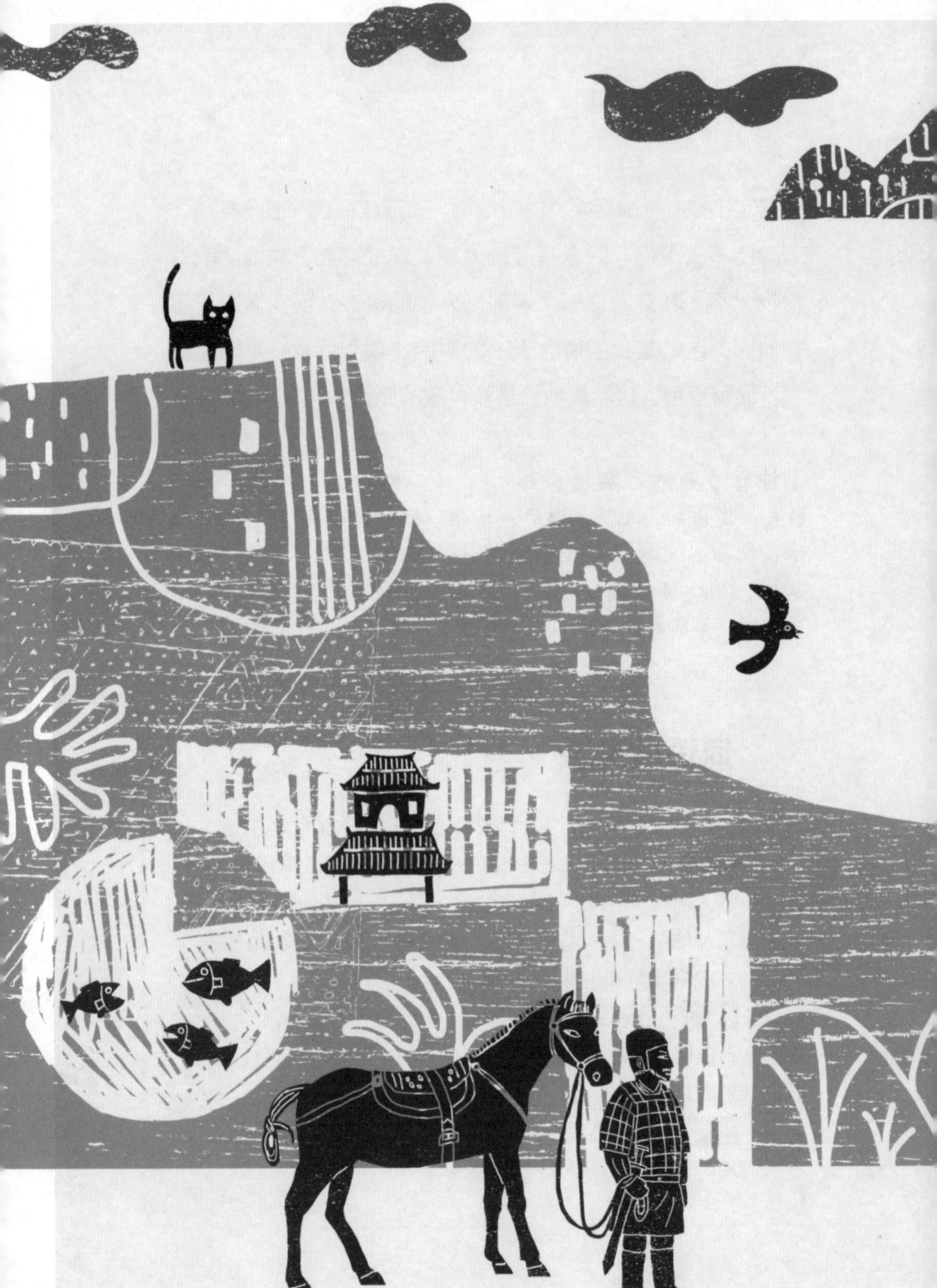

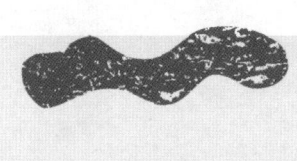

「人彘」的制造者
吕后的故事

内心长久累积的怨恨和恐惧,使吕后变成了一个为求目的不择手段的人。她虽然权柄在握,内心其实非常空虚。人都有一体两面,看待历史也不能只看一个方面。

意想不到的权势顶峰

刘邦当年在沛县当亭长时，士绅吕公在看过刘邦的面相后，不顾老婆的反对，执意要把女儿吕雉（zhì）嫁给刘邦。

吕公这么做，无非是因为刘邦长得太有富贵相，如果把女儿嫁给他，女儿会因夫而贵，而他日吕家也能因女而贵。

多年后，吕公的愿望真的达成了。只是他没想到，刘邦当上的是汉朝的开国皇帝，而他的女儿当上的是汉朝的首任皇后。

刘邦死后，吕后掌握实际的大权，大力提拔娘家的亲人，没几年，吕氏的权势达到了令他们自己也想不到的顶峰。

崎岖难行的富贵之路

吕后拥有世上其他女人所没有的尊荣。她头戴后冠，身穿华服，前婢后奴，出入皇宫。这是一条富贵之路，但吕后一路走来其实并不轻松。

多少前尘往事，在吕后脑海中翻腾而过。

想当年，她以大户人家的千金之躯，下嫁给穷酸的小官刘邦，为他生下了一男一女，即后来的孝惠帝和鲁元公主，还跟着他到乡下种田。

有一阵子，刘邦出逃在外，躲在深山林内。吕雉（吕后）总会想办法找到他，给他送衣食，不让他挨饿受冻。

后来刘邦去打天下，常被项羽修理得很惨，他一路逃命，连家眷都顾不得，以致吕雉和自己的一对儿女，连同自己的父母，都落在项羽手上，当了两三年的人质。那种被囚禁的恐惧感，后来回想起来，吕雉仍然心有余悸，幸亏那时有刘邦的同乡部属审食(yì)其(jī)陪伴，否则在项羽那个杀人不眨眼的武夫底下生活，日子真不知道该怎么过！

夫妻历经许多磨难，总算熬出头，刘邦称帝，吕雉也成为一代皇后。但刘邦原本就好女色，当上汉王后，迷恋戚姬，对她宠爱得不得了。

刘邦常说他和吕后所生的儿子刘盈，个性仁慈软弱，不像他，和戚姬所生的儿子刘如意才像他。因此，刘邦常想着要废掉太子，另立如意。

岁月不饶人，吕雉年轻时也曾经貌美，但年纪一长，对刘邦就不再具有吸引力，经常独守空房，想见刘邦一面也很不容易，夫妻感情日益疏远。而戚姬因为备受宠幸，经常跟随在刘邦身边，从早到晚哭哭啼啼，要求刘邦废掉太子刘盈，立如意为继承人。

如意一旦取刘盈而代之，成为太子，吕后的地位必定不保，若非当时有大臣反对，再加上留侯张良的谋划，刘邦早就这么做了。

想起这些往事，吕后心里就有很深的怨气，而这股怨气直到刘邦死后都还没能完全消除。

可怕的泄恨方式

刘邦死后，刘盈继任，也就是孝惠帝。刘邦的八个儿子都封了王，其中的赵王便是刘如意。

吕后决定有所行动。她下令把戚夫人囚禁在宫里的永巷，又派使者去召赵王到京城来。

赵王的丞相周昌告诉使者："赵王年少，高祖把他托付给我。我听说太后怨恨戚夫人，想把赵王召过去，连同戚夫人一并杀害，我怎么可能把赵王送去。再说，赵王现在身体有病，也不能奉诏。"

使者将这些话回报给吕后，吕后大怒，把周昌召到京城来，再派人去召赵王。

孝惠帝秉性仁慈，知道太后发怒，唯恐不利于赵王，就亲自到霸上去迎接赵王。孝惠帝把刘如意接到自己宫里，吃饭睡觉都在一起，让太后无机可乘。

直到有一天，孝惠帝一大早去练射箭，留下还在睡觉的赵王。吕后逮到机会，派人拿毒药去给赵王喝，等孝惠帝回来时，赵王已经一命归天。

吕后接着又砍断戚夫人的手脚，挖掉她的双眼，用火烧了她的耳朵，还给她吃哑巴药，让她住在茅厕里，把她叫作"人彘（zhì）"。彘，就是猪的意思。人彘，就是人猪。

没过几天，吕后把孝惠帝找来一起看"人彘"。

孝惠帝看到在肮脏的地面上无法爬行的"人彘"，一问之下才知道那是戚夫人，于是号啕大哭起来，接着就生了重病，一年多都无法下床。他派人去求见吕后，说："这不是人做的事。我是太后的儿子，终究无法再治理天下。"从此，孝惠帝每天饮酒作乐，不理国事，总是生病。

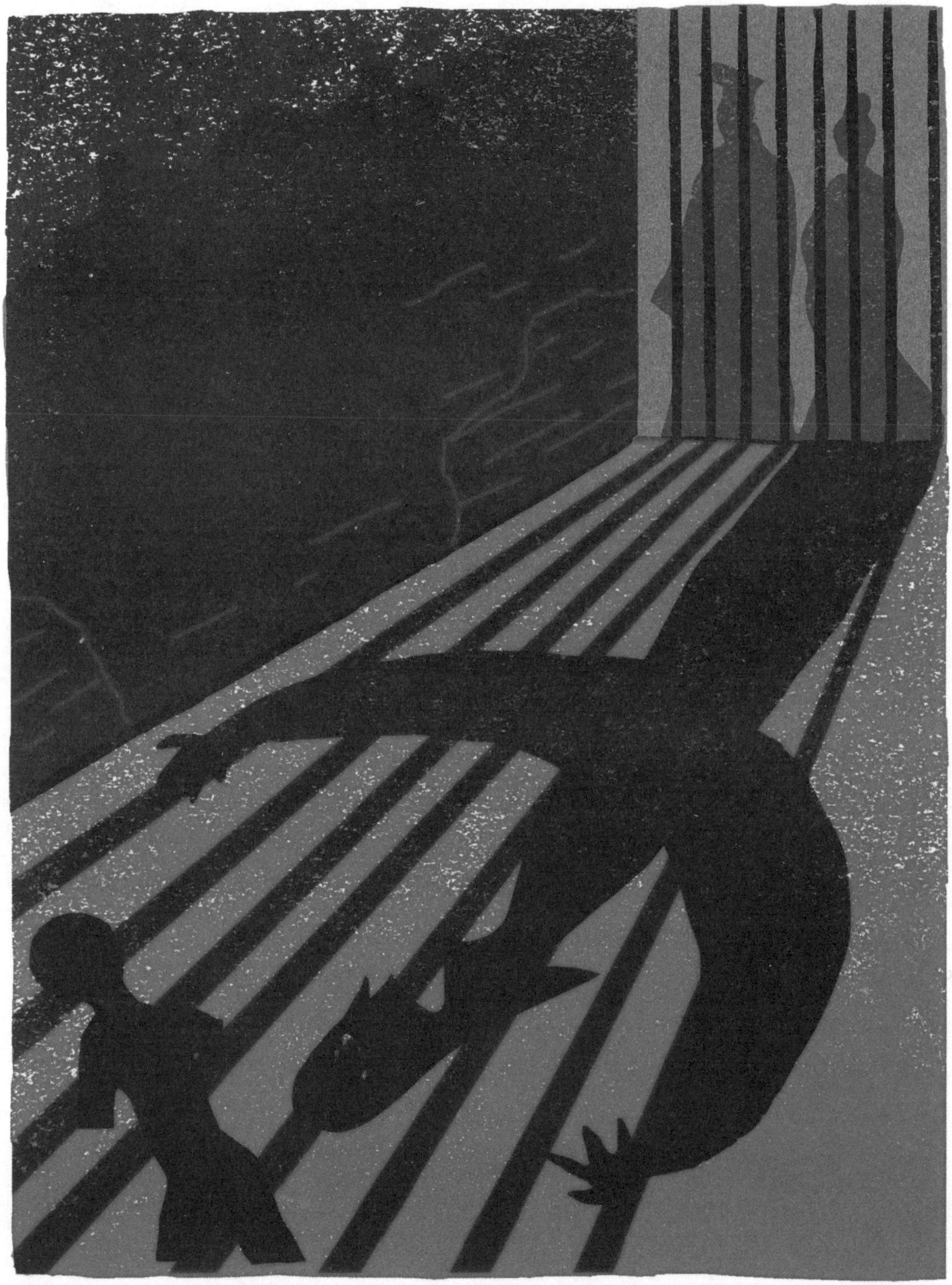

孝惠帝在位七年就过世了，死的时候才二十四岁。

权力是唯一的依靠

朝廷为孝惠帝举行国葬。丧礼中，吕后哭了，却没掉下一滴眼泪。

留侯张良年仅十五岁的儿子张辟彊在朝中当侍中，看到这种情形，对丞相陈平说："太后只有孝惠帝这么一个儿子，现在孝惠帝驾崩了，太后哭泣却不悲伤，您知道是怎么一回事吗？"

丞相问："是怎么一回事？"

张辟彊说："孝惠帝没有留下年长的儿子，太后心中一定顾忌你们这些大臣。您现在快快请命，说要拜吕台、吕产、吕禄等人为将军，让他们统领两宫卫队南北二军，再让吕家的一些人进宫里来当官办事。这么一来，太后才会安心，你们也才能免除一场灾祸。"

丞相采用了张辟彊的建议。

吕后这才感到欣慰，哭声中才听出真正的悲伤。吕氏家族的权力也就是从这时候开始崛起的。

不久，少帝即位，但实际的大权都操控在吕后手里，朝中不论大小事，都得听从她的指示。

吕后大封吕家的人为王侯，右丞相王陵曾对此事表示不同的意见，吕后就夺去他的相位，王陵只好告病返乡。

吕后乘此机会晋升了迎合自己想法的左丞相陈平当右丞相，再拔擢（zhuó）和她最亲近的臣子审食其当左丞相。

吕后心中不仅怀有一股很深的怨气，还藏着一股很深的恐惧。

她恐惧什么？恐惧那些拥有实权的功臣，也恐惧刘邦和其他嫔妃所生的皇子。

这种恐惧从早先就能看得出来。刘邦过世的时候，吕后特意隐瞒了他的死讯。她找审食其商量："过去，这些将领和皇帝一样，都是老百姓，后来却得北面称臣，尊他为王，心里老早就不服气。现在又要他们来侍奉年轻的主子，若不把他们统统杀光，以绝后患，天下就不会太平。"

有人听到风声，赶紧通报郦将军，郦将军立刻求见审食其，说："如果将领们知道高祖一走他们就要被杀，那才真的会天下大乱。到那个时候，汉朝也将要灭亡了。"

审食其把话转达给吕后，吕后才打消念头，发布了刘邦过世的消息。

刘邦在世的时候，吕后就已经设计除掉韩信和彭越。这或许是刘邦默许或授权的，毕竟非刘姓的王侯都不能信任，但刘邦大概没想到，吕后连他的刘姓子孙也照杀不误。

赵王刘如意被毒死。

齐王刘肥是刘邦的庶长子，吕后设计请他喝毒酒，他侥幸逃过一劫。

赵幽王刘友被吕后召进京城，活活饿死在牢里。

燕灵王刘建死后，吕后派人去杀掉了他唯一的儿子，断了刘建的后嗣。

吕后的毒手甚至伸向了新立的小皇帝。

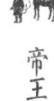

宣平侯是鲁元公主的夫婿。他的女儿在做孝惠帝的皇后时没有生下儿子，却假装怀有身孕，把后宫其他妃子所生的儿子抱来，谎称是自己的儿子，并除掉了孩子的生母。

孝惠帝死后，这个孩子继任为国君，也就是少帝。

少帝逐渐长大，听说自己是母后从其他妃子那里抱来的，而自己亲生的母亲已被母后所杀，便说了一句："母后怎么可以杀我的生母，还谎称我是她的儿子？等我长大后，一定要有所改变。"

吕后听了这番话，感到忧虑不安，就把少帝囚禁在永巷，对外宣称皇帝生了重病，无法接见任何人。

吕后对朝臣说："皇帝现在病得不轻，无法再担负起宗庙祭祀的责任了，应该换个人来做。"

群臣叩首回答："皇太后以天下万民为念，让宗庙社稷获得保全，我们谨遵皇太后的诏命。"

少帝于是被废。吕后再派人偷偷地把他杀掉。

吕后改立常山王刘义为帝，继续在背后掌握着政权。

吕家势力的颓败

吕后绝非冷酷至极不带一点感情，她的感情只放在信任的人身上。

曾经在敌人项羽那里和吕后共度患难岁月的审食其，是吕后最信任的人。吕后提拔他当了丞相。

吕后还信任自己娘家这边的亲戚，大封吕氏宗亲为王。

吕后掌管朝政大权十六年，在快要病死时，对吕产、吕禄等人交代遗言："我就快要死了,皇帝年纪还很轻,大臣们恐怕会发动政变。你们一定要掌握兵权,保卫皇宫,千万不要去送葬,不要被人控制了。"

果然,吕后一死(公元前180年),功臣元老和刘姓诸侯这两股势力就联合起来,开始铲除吕氏王侯的势力,最后将他们消灭得一干二净。

吕后心中的痛苦

吕后掌权期间并非没有功绩。她在长年的征战后,采取了"与民休息"的政策,处处给百姓方便,政府的刑罚很少,民间的财富却愈来愈多。然而在汉代的历史上,吕后更多的所作所为,却成为一种负面的标杆,让后代子孙引以为鉴。

汉文帝刘恒被臣子拥立为帝,就是因为他的母亲薄氏不像吕后那么强悍,也没有吕后那样有力的家世背景。

文帝之后是景帝,景帝之后是武帝。武帝在晚年立太子时,太子的年纪还小,为防止出现"携子参政"的局面,汉武帝赐死了太子的生母钩弋夫人。

后来谈起这件事,武帝对左右说:"自古以来,国家会乱,大多是因为主子年纪小,而母亲年轻。难道你们没听说过吕后的例子吗?"

武帝只知道当主母的不能变成吕后那样,却不知道吕后为什么会变成那样。

是长年盘踞在内心的怨恨和恐惧,让吕后害怕自己成为一个无法动弹、无法言语和无法听闻的人——就像个"人彘"。她虽然是"人彘"的制造者，但其实，她的内心早已被"人彘"这个残酷的形象折磨了很久。从某个层面来说，她活得比戚夫人还要痛苦。

会看面相的吕公如果能看见事情后来的发展，不晓得还会不会坚持要把女儿嫁给刘邦。

三分钟读历史关键

在中国历史上，汉代的吕后、唐代的武则天（改唐国号为周）和清代的慈禧太后，都是以女性之身掌握政权的代表，其中以吕后的名声最为不堪。一提起她，很多人都会想到"最毒妇人心"这句话。

通常会在别人身上制造痛苦的，本身很可能就有苦不堪言之处。吕后身处在一个比智力、比权力和比武力的时代，内心长久累积的怨恨和恐惧，使她变成了一个为达目的而不择手段的人。这样的人虽然权柄在握，内心其实非常空虚。

吕后并不是没有才干，司马迁就对她与民休息的政绩表示赞许。事实上，吕后为百姓着想，还废除了一些残酷的刑罚，造福百姓。你大概想象不到，如此狠毒的人也会留下一些德政吧？

一件事总有两个面向。读历史当然也不能只知道历史的一面。

史记原典精选

　　七年秋八月戊寅，孝惠帝崩。发丧，太后哭，泣不下。留侯子张辟彊为侍中❶，年十五，谓丞相曰："太后独有孝惠，今崩，哭不悲，君知其解❷乎？"丞相曰："何解？"辟彊曰："帝毋❸壮子，太后畏君等。君今请拜吕台、吕产、吕禄❹为将，将兵居南北军，及诸吕皆入宫，居中用事，如此则太后心安，君等幸得脱祸矣。"丞相乃如辟彊计。太后说❺，其哭乃哀。吕氏权由此起。乃大赦天下。九月辛丑，葬。太子即位为帝，谒高庙。元年，号令一出太后。

　　太后称制❻，议欲立诸吕为王，问右丞相王陵。王陵曰："高帝刑❼白马盟曰'非刘氏而王❽，天下共击之'。今王吕氏，非约也。"太后不说。问左丞相陈平、绛侯周勃。勃等对曰："高帝定天下，王子弟，今太后称制，王昆弟诸吕，无所不可。"太后喜，罢朝。

《史记·吕太后本纪》

孝惠帝七年秋季八月十五日，孝惠帝驾崩。发丧的时候，太后哭，却不流泪。留侯张良的儿子张辟彊担任侍中，年仅十五岁，对丞相陈平说："太后只有孝惠帝这么一个儿子，如今过世了，太后只是哭而不悲恸，您知道其中的缘故吗？"陈平问："什么缘故？"辟彊说："皇上没有留下成年的儿子，太后顾忌你们这些老臣。如果您请求太后拜吕台、吕产、吕禄等人当将军，统领两宫卫队南北二军，并请吕家的人都到宫中来当差办事，这样，太后就会安心，你们这些老臣也能免于一场灾祸。"丞相于是依张辟彊的建议去做。太后安心满意，才哀痛地哭出来。吕氏家族掌握朝廷大权，就是从这时候开始的。对天下实行大赦。九月五日，安葬了孝惠帝。太子即位做了皇帝，拜谒高祖的陵庙。元年，朝廷的号令全部出自太后。

太后代行皇帝的职权，打算封吕氏子弟为王，先询问右丞相王陵。王陵说："高帝杀白马和大臣们盟誓说：'不是刘氏子弟而称王的，天下人一起消灭他。'现在封吕氏子弟为王，是违背盟誓的。"太后很不高兴。询问左丞相陈平、绛侯周勃。周勃等人回答说："高帝平定天下，封子弟为王，如今太后临朝称制，封弟兄和吕氏子弟为王，没有什么不可以的。"太后高兴起来，退朝回宫。

【注释】❶侍中：官名，在皇帝身边管事的。❷解：原因、答案。❸毋：通"无"，没有。❹吕台、吕产、吕禄：都是吕后娘家的人。❺说：通"悦"，高兴、满意。❻称制：代行天子的职权。制，天子的命令。❼刑：杀。❽王：称王。

词语收藏夹

一、心狠手辣：心肠狠毒，手段残忍。

例句　歹徒心狠手辣，劫持人质后又杀了他们。

二、惨无人道：狠毒残酷，灭绝人性。

例句　第二次世界大战期间，德国纳粹进行了惨无人道的种族大屠杀。

三、心灰意冷：心情失望，意志消沉。

例句　面对事情要积极进取，不要因为遇到一点挫折就心灰意冷。

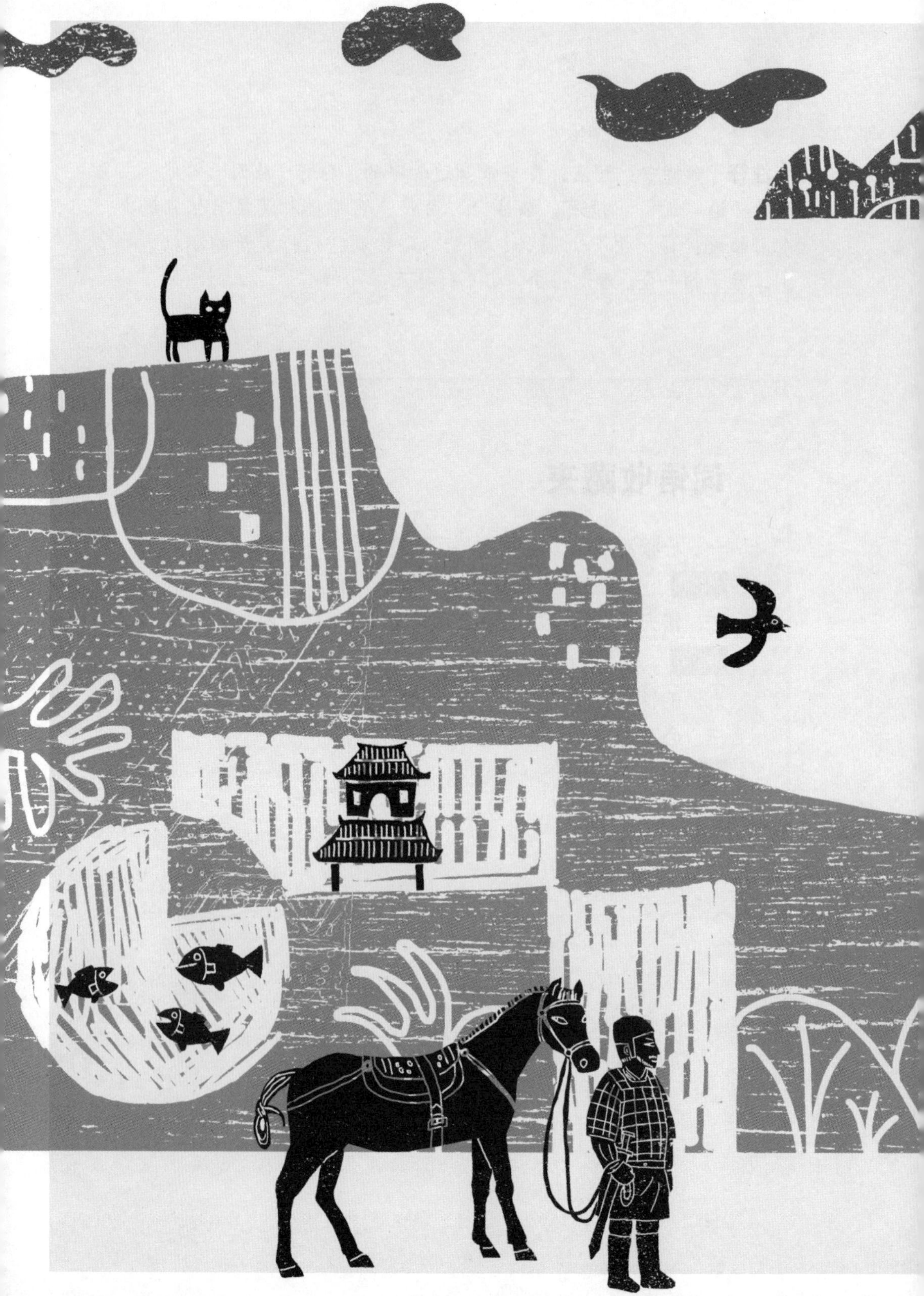

一个帝王的欲求
汉武帝的故事

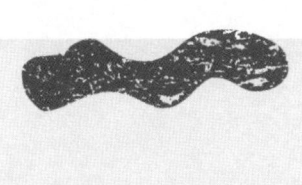

领导者在追求成就的同时，也得顾及他人感受，欲求太多不是好事。汉武帝雄才大略，做出了一番旷古未有的事业，但过度的欲求也让他的成就大打折扣。

汲黯泼冷水

汲黯曾在朝廷上，当着汉武帝的面，批评他："内心的欲望很多，却在表面上大做仁义的文章！"

汉武帝听了这句话，勃然大怒，完全没有仔细地去想——这句话很可能就是他的个性写照，也是他人生的致命伤。

事情是这样的。元光元年（公元前134年），即汉武帝在位的第七年，他打算在全国广求人才，把唐尧和虞舜当作学习的榜样，企图在政治上有一番作为。没想到在朝中谈起这件事时，担任主爵都尉的汲黯当场就泼了他一头冷水，说他"内多欲而外施仁义"。

武帝气得拂袖而去，连朝会都不开了。

朝廷里的很多大臣都为汲黯担心，怕他要丢官或会被关进大牢。然而武帝并没有对汲黯做任何处置，只在下朝后对身边的人生气地说了一句："这个汲黯真是憨直得太过分了！"

当君主的要有当君主的气度，要是连臣子的批评和谏言都无法承受，那还谈什么效法唐尧、虞舜呢？

第一位建立年号的皇帝

汉武帝胸怀大志，从一坐上帝位就告诫自己，要成为像尧舜那样的人物。

汉武帝本名刘彻，是汉高祖刘邦的第四代孙，十六岁就当上了皇帝。登基后，他做了一件前所未有的事，就是为自己的王朝建立年号。

所谓的年号是帝王用来标志年代的名号，就像给几个连续的年份建立一个档案。

在中国历史上，第一个使用年号的是汉武帝，而他所用的第一个年号叫作"建元"（即公元前140年）。

"建元"的意思是"建立一个纪元"，其中的"元"有"大"的意思，也有"创始"的意思。武帝很喜爱这个年号，因为它能恰当地描绘出他心中憧憬、渴望开创一番大事业的那种期待。

"建元"用了六年，接着换成"元光"，用来纪念那年出现的彗星。

"元光"也用了六年。为了纪念大将军卫青带兵攻到北方匈奴的老家朔方去，所以改成"元朔"。

"元朔"也用了六年后，武帝在狩猎过程中捕获一只白色的独角兽。为了纪念这件事，又特地把年号改成"元狩"。

此后为了各种原因，武帝把年号陆续改成"元鼎""元封""太初"等，但为期不一定是六年，也有四年。汉武帝在位的五十四年里，总共用了十一个年号。

"外儒内法"的治国方针

汉武帝虽然年纪轻轻就即位，但他心里却很明白：如果想做出一番大事业，就要用对治国的方针，而且要用对治国的人才。

武帝之前的文帝和景帝，他们所采用的治国策略是崇尚"清静无为"的"黄老之术"，强调政府对百姓的干预越少越好，能够免除的租税就免除，能够减少的劳役就减少。

在武帝看来，这种治国策略固然仁慈宽厚，但做法过于消极，不合乎他的理念。所以从一开始，武帝就想以儒生董仲舒所宣扬的儒家思想作为治国的指导原则，不料喜好"黄老之言"的窦太皇太后表示反对，武帝起用的一批儒生还因此被迫自杀或辞官。

建元六年（公元前135年），窦太皇太后去世，武帝终于能够当家做主了。第二年，也就是元光元年，武帝重用公孙弘等儒生，采纳董仲舒的建议，"罢黜百家，独尊儒术"，也就是贬抑各家学说，独独尊崇儒家思想。他下令所有郡国推举孝顺父母和清廉方正的人各一名，又亲自担任主考官，出题选拔"贤良""文学"等杰出的人才。这是中国察举制度的开始，后来演变为科举制度。

然而，虽说要以儒家思想作为治理国家的原则，武帝却又十分注重权术和刑罚的运用，也就是法家所推崇的思想。曾经当过御史大夫、受武帝重用的张汤，便是武帝时期的法家代表人物。后人因此常说汉武帝所施行的治国之道，表面上是儒家，骨子里是法家，亦即所谓的"外儒内法"。

武帝的六大欲求

汲黯说的一点儿都没错，汉武帝的心中确实充满了欲望。不过，帝王的欲望毕竟不比寻常人的欲望，有些事得牺牲许多人的性命，并且耗费大量的金钱，才能得以完成。

总的来看，武帝这一生至少有六大欲求：

第一，求壮观；第二，求文治；第三，求武功；第四，求美色；第五，求宝马；第六，求神仙。

第一，求壮观

武帝登基后的第二年，效仿秦始皇建造骊山皇陵，开始为自己的身后事做准备，营建自己的陵墓，叫作"茂陵"。这项工程耗时五十三年，每年要花掉全国税收的三分之一左右。

登基后的第三年，武帝又向秦始皇看齐，建造皇家园林，开始兴建专属于天子的"上林苑"。

他在地图上一画，圈定了靠近终南山的一大块肥沃土地，将那块土地收归公有，命人大兴土木。

至于原本生活在那片土地上的百姓呢？

武帝说："把他们统统迁到别的地方去开垦荒地吧！"

这一次的迁移影响了几十万人——这些人的房屋和祖坟都被拆除了，人们赖以生活的土地也被收归公有，民众怨声载道。

侍郎东方朔极力劝阻武帝，但武帝不为所动。

"上林苑"规模宏伟，美如仙境，施工长达五十余年，耗资巨大，到武帝晚年时还在扩充。苑里有几十座宫殿，金碧辉煌，还有各种草木花卉和奇珍异兽。苑中有一座名叫"昆明池"的人工湖，占地三百多顷，湖上有几十艘战船、百艘楼船，每到夜晚，湖面上灯火通明。

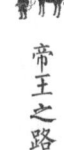

第二，求文治

早在颁发推举贤良文学的命令之前，武帝就设立了"五经博士"，让有学问的人来为国家训练干部，储备政府所需的人才。

在选贤与能之后，武帝又在长安设立太学，在地方设立学校，以推广教育。

元朔二年（公元前127年），武帝颁行主父偃所建议的"推恩令"，改变过去诸侯国的诸侯只能将土地分给正室所生的长子的做法，让诸侯也可以把土地分给其他儿子。这么一来，诸侯国遭到削弱，势力越变越小，就不会对王朝构成太大的威胁。

元封五年（公元前106年），武帝将全国分成十三个州部，每部设立一个刺史，用来监督地方的行政措施。

太初元年（公元前104年），武帝把自古以来所使用的"夏历"改为"太初历"，把一年开始的第一个月，从十月改为正月——这部历法沿用了两千多年。

在经济方面，武帝统一货币，推行"五铢钱"，这种钱的铸造成分和重量都恰到好处。

他把盐、铁、酒的经营权收归国有，以增加政府的收入。

他对富人的财产和商人的营业进行高额抽税，又严厉惩罚逃税的人，让国家的财富非常充足。

他观察到各政府机关有时会抢购某些物品，导致物价上涨，于是采用桑弘羊的建议，在元鼎二年（公元前116年）设置了"均输官"，推行"均输法"，以管理货物的调度和流通。

后来，武帝又在元封元年（公元前110年）设置了"平准官"，推行"平准法",在物价低的时候买进货品,在物价高的时候卖出货品。

这些做法不仅稳定了物价,维护了社会的安定,也为政府增加了不少财政收益。武帝在战事上的庞大开销,大部分就靠这些收入来支应。

第三,求武功

所谓的求武功,也就是求军事上的表现。

当时,位于北方的匈奴是大汉帝国的心头大患,就算和亲、送黄金,都无法阻止匈奴对大汉边境的侵扰。武帝即位后不久,决定要好好解决一下匈奴这个严重的威胁。

建元三年(公元前138年),武帝派遣张骞出使西域。

武帝对张骞说:"我想联络大月氏(zhī)国一起来夹击匈奴,你就为朕完成这个使命吧!"

但张骞在往返的途中,两次被匈奴俘虏和软禁,回到长安时已是十三年后了。

这期间,等不及张骞回来的汉武帝,已经派猛将卫青和李广等人对匈奴数度用兵,颇有战果。

张骞在元朔三年(公元前126年)回到长安。他虽然没有完成让大月氏国和汉朝结盟的任务,却带回了自己在西域各国的所见所闻。

元狩四年(公元前119年),武帝派张骞再度出使西域,并且对他说:"你去联络乌孙国。朕还是想联合其他国家一起对付匈奴。"

四年后，张骞返回。对于武帝的建议，乌孙国虽然没有肯定的答复，却愿意和汉朝发展进一步的关系。

长久以来，武帝之所以想跟西域各国结盟，夹击匈奴，主要的原因就是攻打匈奴的路途太过遥远，耗费的成本实在太大。武帝对匈奴的出击从未停止过，尽管取得了多数的胜利，但也付出了相当的代价。

太史司马迁对此有这样一段记载：

> 元朔五年，汉朝派遣大将军卫青，率领六位将军和十多万的军队去攻打匈奴的右贤王，斩首和俘虏了一万五千人。
>
> 第二年，大将军率领六位将军再度攻打匈奴，斩首和俘虏了一万九千人。捕获俘虏或斩首的有功将士都得到黄金的赏赐，共计二十多万斤；几万个俘虏都受到厚赏，吃穿全由官府供给。但汉军死伤的士卒和马匹则有十几万，而兵器盔甲和水路运输的花费则还没计算在内。
>
> 因此，主管财政的大司农向皇帝报告，府库所藏的钱财已经用光，税收也所剩无几，还是不够将士的需求。

国库常因征战而空虚。从司马迁的这段话可以看出来，武帝表面风光的背后，其实是国家财政的艰难。

汉武帝为了克服财政上的困难，允许人民买官，或巧立各种敛财的名目，因为他还有好多的仗要打——征伐的对象除了北方的匈奴，还有边境上的其他国家。

元鼎年间，武帝平定了南方的百越族、夜郎国，以及西方的羌（qiāng）族等。

元封年间，武帝向东消灭了卫氏朝鲜的政权。

元狩四年，武帝派遣大将军卫青和骠（piào）骑将军霍去病两人，分东西两路对匈奴展开进击，把匈奴打得落花流水。从此以后，大汉帝国的北部边境就暂时看不到匈奴的踪影了。

第四，求美色

武帝在做太子的时候，娶了长公主的女儿陈阿娇为妃。武帝当上皇帝，阿娇也成了皇后，但她并没有为武帝生下一男半女。

有一天，武帝到霸上祈福，在回程途中顺道到平阳公主那里去探望。

平阳公主早为武帝准备了十多个漂亮的侍女，但武帝没有一个看上眼的，偏偏喜欢上了平阳公主的一个歌女卫子夫。

于是，平阳公主将卫子夫送进宫里，武帝非常宠爱她。平阳公主因此获得赏赐黄金千斤。

后来，卫子夫为武帝生下三女一男，男孩取名叫刘据。卫子夫受宠，她的亲人也跟着沾光。后来为武帝征伐匈奴有功的卫青，就是卫子夫的弟弟，而霍去病是她的外甥。

得知卫夫人怀有身孕时，陈皇后非常恼怒和嫉妒，几度想寻死。陈皇后不断胡闹让武帝感到很生气，武帝后来抓到陈皇后的过失，就借机将她废了，改立卫夫人为皇后，接着又立刘据为太子。

等到卫皇后年纪稍长，不再像年轻时那么漂亮了，武帝又喜欢上王夫人。王夫人死得早，武帝又喜欢上李夫人。

李夫人是李延年的妹妹，长得非常漂亮，能歌善舞，可惜沦落在声色犬马的场合当歌伎。当时，李延年正在宫内当音律侍奉，谱了一首新曲，以歌舞献唱给武帝听：

　　北方有佳人，绝世而独立，
　　一顾倾人城，再顾倾人国。
　　宁不知倾城与倾国，佳人难再得！

"好歌！"武帝一听，心里无限向往，叹了一口气说，"就是不知道世上有没有这样的佳人？"

在场的平阳公主说："李延年有个妹妹，长得貌美无比。"

武帝很好奇，于是把李延年的妹妹召进宫里。武帝被她惊为天人的美貌所吸引，立刻封她当夫人，此后对她宠爱有加。

李夫人为武帝生下一个男孩后，因体质柔弱，生了重病。

武帝去看她，李夫人却蒙在被子里，拒绝见面。

武帝着急地说："只要你让我见上一面，我就赏赐千金，你的兄弟都加官晋爵。"

可李夫人躲在被子里一直哭，怎么也不肯露面。

武帝只好悻悻然离去。

李夫人的姐妹都来劝李夫人，要她脾气别那么拗，让皇上见一面又何妨。

李夫人说："我当初是因为貌美才得到皇上的宠幸。所谓'色衰爱弛，爱弛恩绝'，皇上记住的是我以前的美好，如果让他看到我现在的样子，肯定不可能再像以前那样爱我。既然不爱我，哪里还能期待他往后照顾我们家的兄弟呢？"

姐妹们一听，这才明白了李夫人的用意。

李夫人的算盘果然没打错。李夫人死后，武帝用皇后之礼厚葬她，为了顾念旧情，日后又重用她的哥哥李广利，又封她另一个哥哥李延年当协律都尉。而李广利只是一个游手好闲、不务正业的浪荡子。

武帝晚年，太子刘据被朝中奸臣陷害，死于"巫蛊之祸"。卫皇后被废，接着就自杀了。

后来，武帝最宠爱的嫔妃是钩弋夫人。

钩弋夫人同样长得年轻貌美，为武帝生了一个男孩，取名叫刘弗陵。

弗陵四岁时，武帝立他为太子，却将他的母亲钩弋夫人赐死。

武帝这么做是为了预防"主少母壮，宫闱乱政"，但后人批评他这种做法实在太过残忍。

第五，求宝马

大宛国出产的"汗血马"，蹄坚体健，日行千里，颈部流出的汗中有红色物质，鲜红似血，据说是"天马"的后代。

"世间竟有这样的马？"武帝渴望得到这种马。

太初元年，武帝听说大宛国把最好的马都藏在贰师城，便派专使带着千金和一匹用黄金打造的马，到贰师城去请求交换。

大宛国认为自己与汉国之间有大沙海阻隔，往来极为不便，不肯轻易交出宝马，拒绝了汉使的要求。后来又因汉使出言伤人，大宛国的贵人便让其属国郁成国，在汉使回国的途中把汉使杀了，夺走了交换的财物。

汉武帝知道这个消息后，非常愤怒。他听说大宛国的兵力不强，只要派出汉兵三千人就能攻下来，又想趁这个机会让李夫人的家人建立功勋，便拜李夫人的哥哥李广利为贰师将军，命令他率领属国的骑兵六千步卒数万人，去攻打大宛国。

由于必须越过大沙海，而沿途小国又不肯供应食物和饮用水，汉军这一路走得很辛苦。走到郁成国的时候，部队只剩下几千人。贰师将军对郁成国发动了攻击，却被打得很惨。

贰师将军和部属商议："现在连大宛的属国郁成国都攻不下来，更何况是大宛？"便决定退兵。这一往一返共花了两年的时间。退到敦煌时，活下来的士兵不到原来的十分之二。

贰师将军派人上书给武帝说明情况，希望先行退兵，等增援部队抵达后再进攻。

武帝听了大为震怒，说："派人去玉门关阻拦，谁要是敢退到玉门关内，谁就准备交出脑袋！"这道命令吓得贰师将军只好停留在敦煌。

同一年的夏天，汉国和匈奴交战，损失了两万人。许多大臣都劝武帝专心对付匈奴，暂停攻打大宛国。

武帝说："像大宛这样的小国都攻打不下来，西域各国岂不是要笑话我汉国？别说汗血马得不到，日后汉使到西域去也会被瞧不起。"

武帝受不了这样的耻辱，因此又花了一年多的时间做准备，把不良少年和囚犯都用上了，派出六万人到敦煌去，供给十万头的牛、三万多匹的马、数以万计的驴骡骆驼等。粮食、兵器和弓箭也都备齐了。

大宛首都贵山城中没有水井，都是引城外的水来饮用。武帝命人改变城底下的水道，让城内无水可用。接着派出十八万甲兵防守酒泉等地，又命令犯罪的人载运粮食去补给贰师将军。转运物资的人一路连绵不绝，直到敦煌。

武帝的最后一个准备是：让两名懂马的人当校尉，待攻克大宛后让他们挑选良马。

贰师将军带领大军重新出发了。这次由于兵多实力强，所到的小国没有不出迎、不供粮的。到了仑头国，仑头不降，双方交战了几天，最后汉军血洗了整座都城。

贰师将军率领着部队一路向西，没有遇到什么阻碍，最后抵达大宛首都贵山城的汉军有三万多人。

汉军开始对贵山城发动攻击，四十多天的围攻杀得大宛军无法招架，从外城直往中城退。

大宛国的贵族慌了，在共同商议后他们杀了国王，拿着国王的脑袋向汉军求和，并允许汉军到城里任意挑选马匹。

贰师将军与大宛国立下盟约，另立新的大宛国王，罢兵而归。

汉军挑选了良马数十匹，中等以下的公马和母马共三千多匹，一起带回国去。由于路途遥远，大军进入玉门关时只剩下一万多士兵，而马只剩下一千多匹。

武帝见到大宛宝马，非常高兴，便封贰师将军为海西侯，其他有功将士也都各有封赏。

武帝这场求取大宛宝马的行动，共花了四年的时间，所用花费不计其数，还为此付出了十多万人的性命。

第六，求神仙

武帝从年轻的时候就深信神仙之说，并且很热衷追求。这一点和秦始皇很像。然而武帝的下场也和秦始皇一样，常被一些江湖术士欺骗。

为了求神仙，武帝听信方士李少君的话，亲自拜灶神，炼丹砂，炼黄金，派人到海上去寻找蓬莱仙人等，但没有一次成功。

武帝宠爱的王夫人过世后，有个叫少翁的齐人用方术在夜里招魂，让武帝隔着一层帷幕看见了王夫人的形影。

武帝大吃一惊，说："难不成少翁能通鬼神？"

于是拜少翁为文成将军，给他很多赏赐，将他奉为上宾。

文成将军说："皇上想和神仙交往，宫室和寝具衣着不仿照神仙所用的，神仙怎么会来？"

"将军所言极是！"武帝因此按照他所说的造了画有各种云气的车子，并选在良辰吉日驾车以驱赶恶鬼。后来武帝又建造了甘泉宫，宫内正中设有祭坛，供奉着各种神明的画像，并用祭祀用品来敬拜。然而一年多后，少翁的方术愈来愈不灵光，神灵都不显现。

少翁唯恐失去武帝的信任，因此伪造了一份帛书，把它喂进牛的肚子里，然后谎称牛的肚子里有奇物。

武帝杀了牛，取出帛书，见帛书上写的东西很奇怪，就起了疑心。有人认得帛书上的字迹，一经查问，果然是伪造的，于是武帝便杀了少翁。不过武帝隐瞒了这件事，没有让外人知道。

还有个名叫栾大的人，是乐成侯引荐进宫的方士，与少翁师出同门。他在棋盘上斗棋，让棋子自己相互碰来碰去，用这种雕虫小技取得武帝的信任。

这栾大借他老师的话夸口说："黄金可以炼成，黄河决堤可以堵住，不死之药可以获得，而神仙也是可以招来的。"还说他在海上见过仙人。

那个时候，武帝正为黄河决堤、黄金炼不成等许多事情烦恼，就拜栾大为五利将军，下诏给御史说："朕治理天下二十八年，老天终于派了一个栾大来，让他来帮我和上天沟通。"

没多久，武帝又封栾大为乐通侯，赐他豪宅和奴仆千人，还把女儿卫长公主嫁给他，赠送黄金万斤。

栾大因为方术而被天子接见和信任，不到几个月就大富大贵，名震天下。当时，燕齐一带的方士，无不激奋地表示自己也有召唤神仙的能力，以求富贵。

到了第二年，武帝为了讨伐南越的事，请五利将军到海上祈祷，求神仙祝福，但叫人暗中跟随调查。

跟随的人回报，五利将军身为使者，根本不敢到海上去，更别说见到神仙了。

五利将军的方术都已经用尽了，再也不灵验，武帝便将他处

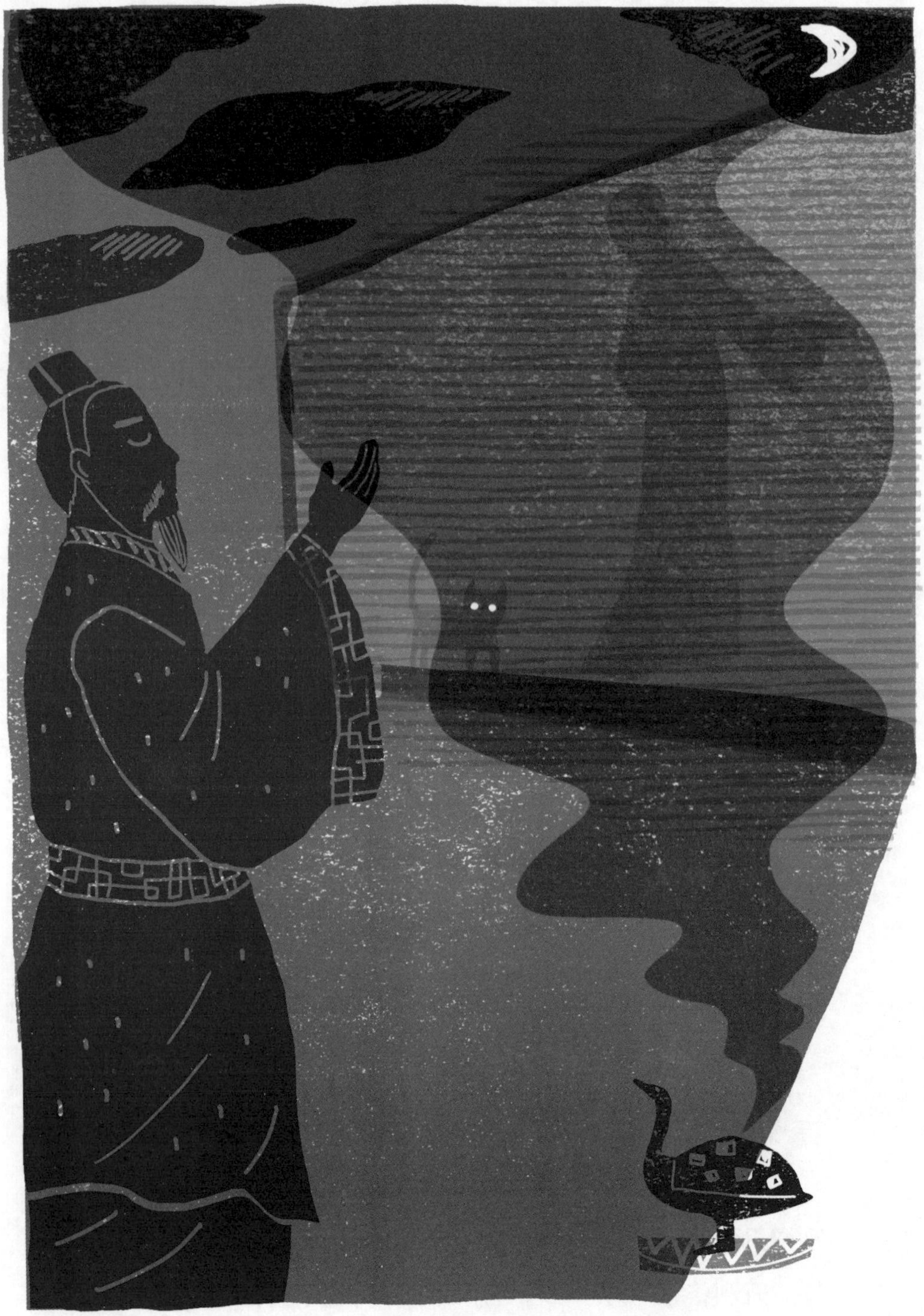

死。

在更早的时候，武帝曾得到一口从土里挖出来的宝鼎。就因为这件事，武帝把年号改为"元鼎"。

有个叫公孙卿的人，拿着一份关于"命理"的简书求见武帝，说："宝鼎出现后就能与神灵相通，就可以进行封禅了。黄帝曾到泰山封禅，所以成为神仙。汉朝帝王要是能到泰山封禅，也可以登天成仙。"所谓"封"，是指在泰山祭天；所谓"禅"，是指在泰山南方不远的梁父山祭地。

武帝信了这话，给了公孙卿中大夫的官职，几年间一直命人研拟封禅的仪式。对武帝来说，封禅是有必要的，除了求神仙，他也想借此显示一下天子一统天下的恢宏气象。

武帝在位的第三十一年（公元前110年），他终于决定进行封禅大典，年号也因此改为"元封"。

此后每隔四到五年，武帝就会进行一次封禅。

在武帝的一生当中，总共举行过六次封禅，每次出巡的花费都难以估算。

喜怒无常，刚愎自用

内心充满欲望的人，必定在意自己的欲求能不能达成，更何况武帝是一个极有企图心的国君。

每当臣子满足他的一个要求，武帝就会很高兴，奖赏绝不吝啬。可是当臣子无法达成他的期望时，继之而来的惩罚也相当严厉。

凭着欲求的达成与否而产生的强烈情绪，让人在很多时候都无法看清事实的真相，对事情的判断也会变得不够公正。这就是后人为什么会批评汉武帝"喜怒无常，刚愎自用"的原因。

天汉二年（公元前 99 年），武帝派贰师将军李广利带兵攻打匈奴，猛将李陵在对匈奴的战役中奋勇杀敌，最后因寡不敌众，而援兵迟迟不到，只好向匈奴投降。

听到这个消息，武帝大怒。满朝的官员都谴责李陵，只有太史司马迁挺身为李陵讲话，说李陵一门忠烈，必定是假投降，只要日后有机会，他一定会潜逃归来，重新报效朝廷。

对一个降将这么夸赞，岂不是在变相地毁谤贰师将军李广利？李广利是武帝钦命的主帅，毁谤李广利不就等于在毁谤武帝？武帝一听司马迁这么说，心中的怒火烧得更旺，便把司马迁关进大牢，治了死罪。司马迁以受"腐刑"来换取自己活命的机会。

武帝曾为当时没有及时派兵去解救李陵而后悔和自责。可是，他一听到关于李陵投降卖国的传言，竟又愤怒得把李陵家族里的人全都给杀了。

晚年下诏罪己

武帝经常为一些自己做过的事情感到后悔。

太子刘据个性仁慈宽厚，被奸臣诬陷在宫里埋偶人，下蛊（gǔ）诅咒皇帝。

太子起兵杀了奸臣，被误认为是要造反，最后被迫自杀。太子的母亲卫皇后被废，她也因此走上了绝路。

武帝后来弄清楚整件事情的来龙去脉，后悔不已。他杀了当初造谣生事的那些人，建了"思子宫"和"归来望思台"，以表示对太子的怀念。

征和四年（公元前89年），武帝六十八岁，更加后悔生平的一些作为，完全停止了让方士们为他求仙的事。

桑弘羊等大臣上书，建议武帝在西域的轮台增兵驻守，以防备匈奴。

武帝驳回了这个建议，还下诏书怪罪自己，说："朕以前为了攻打匈奴，惹得天下大不安宁；从今而后，朕要致力于农业，奖励生产，好好修补这受苦多年的帝国。"

这诏书就是武帝著名的《轮台罪己诏》。

后元二年（公元前87年），武帝七十岁，立了四岁的幼子弗陵当太子，他将太子托付给贤臣霍光后，不到一个月就过世了。

三分钟读历史关键

汉武帝最初是想成为像尧舜那样高大的人物，但后人经常把他拿来和秦始皇相提并论。

宋代的史家司马光在他的《资治通鉴》里，细数汉武帝的七宗罪状：一、欲求大，豪华奢侈；二、刑罚多，赋税重；三、对内大肆兴建宫室；四、对外征伐四方；五、迷信神仙鬼怪；六、巡游没有节制；七、让百姓疲惫凋敝，许多人都被迫去当强盗。司马光认为汉武帝的这些做法和秦始皇没有什么两样。

但秦朝因此灭亡，而汉朝还能够继续兴盛的原因是什么？

司马光提出的说法是：汉武帝基本上是个喜好贤才的君主，懂得统治的道理；尤其是晚年能够痛改前非，将继承人托付给贤能的大臣。所以武帝虽犯了"亡秦"的过失，但终究避免了"亡秦"的灾祸。

司马光的说法让我们体会到：领导者在追求成就的同时，也应该提升自己的内在修为，顾及他人。

不过，可以确认的一点是：欲求太多不是好事。就算汉武帝雄才大略，做出了一番旷古未有的事业，但过度的欲求也让他的成就大打折扣。

史记原典精选

少君言于上曰："祠灶❶则致物❷，致物而丹沙❸可化为黄金，黄金成以为饮食器则益寿，益寿而海中蓬莱仙者可见，见之以封禅❹则不死，黄帝是也。臣尝❺游海上，见安期生，食❻臣枣，大如瓜。安期生，仙者，通❼蓬莱中，合则见人，不合则隐。"于是天子始亲祠，而遣方士入海求蓬莱安期生之属❽，而事化丹沙诸药齐❾为黄金矣。居久之，李少君病死。天子以为化去不死也，而使黄锤史宽舒受其方❿。求蓬莱安期生莫能得，而海上燕齐怪迂之方士多相效，更言神事矣。

…………

今上封禅，其后十二岁而还，遍于五岳、四渎矣。而方士之候祠神人，入海求蓬莱，终无有验。而公孙卿之候神者，犹以大人迹为解，无其效。天子益怠厌方士之怪迂语矣，然终羁縻⓫弗绝，冀遇其真。自此之后，方士言祠神者弥⓬众，然其效可睹⓭矣。

《史记·孝武本纪》

李少君对汉武帝说："祭祀灶神可以招来神异之物，有了神异之物就可以把丹砂炼成黄金，黄金炼成后拿来制成饮食的器具可以延年益寿，延年益寿就可以见到海上的蓬莱仙人，见了蓬莱仙人后，若还举行祭天祭地的大典，就可以不死，达到像黄帝成仙的境界。我曾经到海上游历，见过安期生，他拿枣子给我吃，枣子像瓜一样大。安期生是仙人，往来于蓬莱仙岛，要是你跟他合得来，他就相见，要是合不来，他就隐藏不见。"天子听了这些话，开始亲自祭祀灶神，还派遣方士到海上去求访安期生一类的蓬莱

仙人，并做起了把丹砂等各种药剂炼成黄金的事。过了很久，李少君患病死去。天子以为他是变化飞升而不是死去，便叫黄锤县人史宽舒继承李少君的方术。派人寻找蓬莱山的安期生，未能找到，而沿海一带燕国和齐国怪诞迂阔的方士们争相效仿，纷纷上书谈论神仙的事。

....

在当今皇上举行过封禅大典的十二年后，回头来看，皇上所祭祀的神灵已经遍及五岳、四渎。方士们的迎候祭祀神仙，到海上去寻找蓬莱仙山，最终都没有什么结果。而公孙卿那种等着神仙来的方士，仍然是以巨人的脚印来当借口，为自己辩解，也见不到什么实效。天子越来越厌倦方士们怪异迂阔的言论了，然而终究笼络着他们，不肯与他们绝断关系，总希望有一天能真的遇到神仙。从此以后，谈论祭神的方士越来越多，但效果怎么样，那是可以想见的。

【注释】❶祠灶：祭祀灶神。❷致物：招来神异的东西。❸丹沙：水银和硫黄的天然化合物。也写作"丹砂"。❹封禅：古代天子的祭祀大典。封，指在泰山祭天；禅，指在泰山南方不远的梁父山祭地。❺尝：曾经。❻食：动词，拿东西给别人吃。❼通：通行、往来。❽属：类。❾药齐：药剂。齐，通"剂"。❿方：方术。⓫羁縻：笼络。"羁""縻"都有束缚、牵制之义，引申为笼络。⓬弥：更加。⓭睹：这里是"想见"的意思。

词语收藏夹

一、倾国倾城：比喻女性异常的美丽动人，也作"倾城倾国"。

例句　这位模特儿的姿色用"倾国倾城"来形容，一点儿都不为过。

二、好大喜功：喜欢做大事，立大功。多用来形容作风铺张浮夸、不踏实。

例句　我们做任何事，都最忌好大喜功，一定得实实在在的，不要盲目躁进。

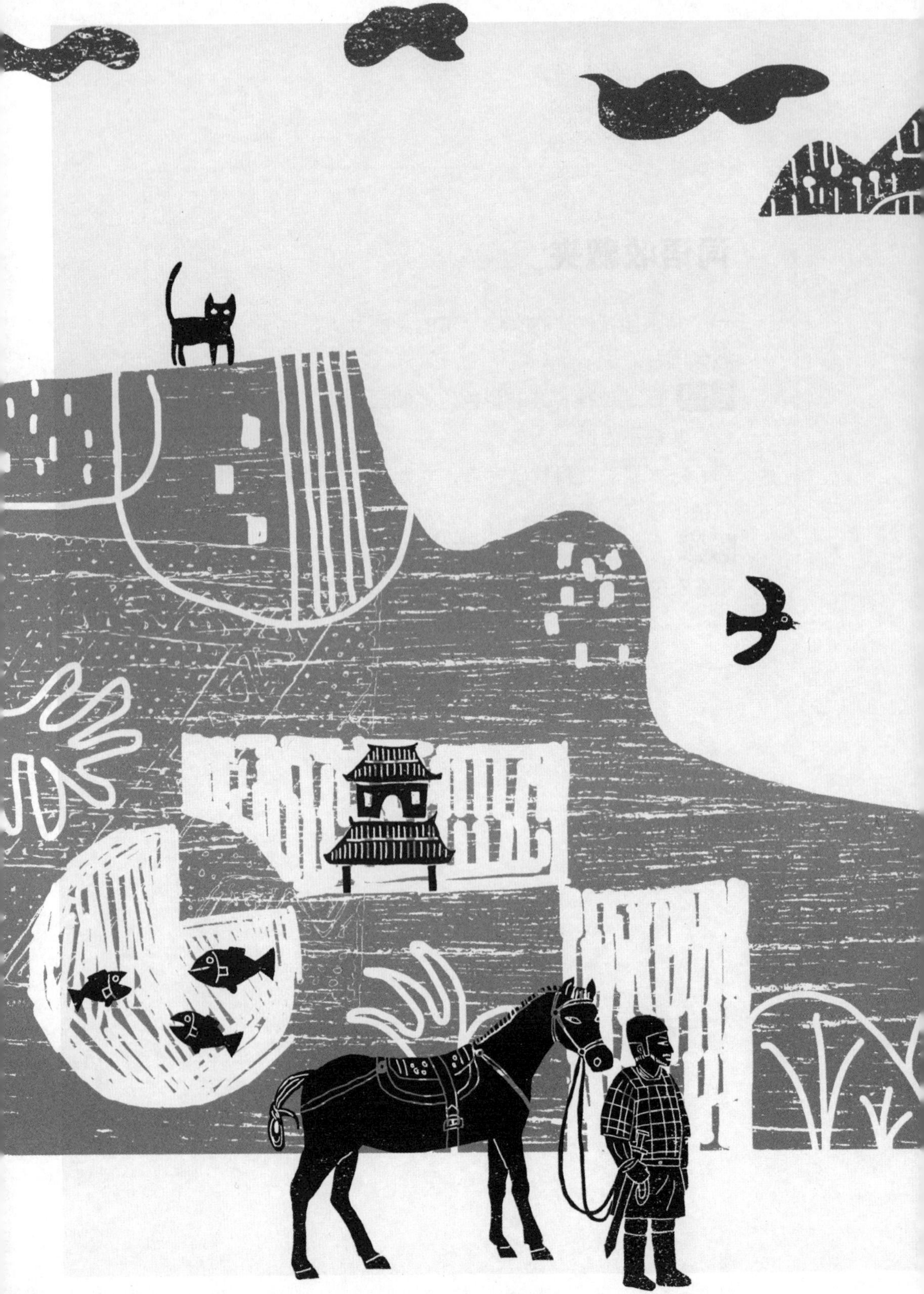

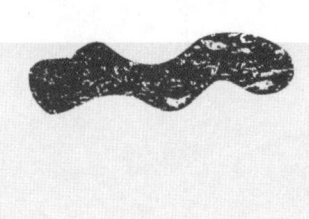

太史公牛马走
司马迁的故事

生命的残缺让司马迁体会更多。《史记》里很多篇章都反映了司马迁真实的情感和意志,历史因这种情感的投入而变得不再枯燥。

回信给一位将死的朋友

汉武帝征和二年（公元前 91 年）。

司马迁心里一直记挂着一件事，并为这件事寝食难安。眼看冬天就要到了，刑杀大多在这个季节执行。如果再不给朋友任少卿回信，那么少卿恐怕这辈子都看不到他的信了。

在这之前，任少卿曾在狱中写了一封信给司马迁，希望司马迁能在武帝面前为他说几句话，让他免除死罪。

司马迁十分为难。夜里借着烛光，他把少卿的信拿出来又认真地读了一遍，然后望着窗外像把弯刀似的新月，叹息道："少卿啊少卿，连我都是在忍辱偷生，哪有什么能力保你呢？"

任少卿原本在朝中担任北军使者护军，也就是禁卫军的指挥官。他之所以惹祸上身，是因为征和元年年底朝廷发生了一件大事。

朝中有权势的大臣江充与太子刘据、卫皇后不和。为求自保，他使了坏心眼，用一个埋在宫里的偶人，诬陷太子要诅咒皇上早死，好接替帝位。太子一气之下起兵杀了江充。武帝不明就里，以为太子要谋反，便派丞相带兵讨伐。太子兵败而逃。卫皇后因此被废，最后自杀。太子在逃亡的过程中，也跟着自杀身亡。

这就是所谓的"巫蛊之祸"，这场灾难一直闹到征和二年，牵连了好多人，任少卿就是其中一个。

事发当初，太子曾下令任少卿发兵。任少卿接受了命令，却紧闭营门，按兵不动。事后，汉武帝认为任少卿奸诈，坐观成败，有不忠之心，便把他关进牢里，治了死罪。

任少卿写信向司马迁求救，司马迁却一直犹豫着该怎么回信。

司马迁读着任少卿的来信，心绪如波涛起伏。作为朋友，任少卿没有看错人，司马迁的确是个能仗义执言的人。

但仗义执言的结果又是如何呢？

时间推移到八年前，也就是天汉二年（公元前99年），李陵将军带兵随主帅李广利攻打匈奴，兵败投降匈奴。

消息传来，武帝大怒。满朝文武都没有人敢为李陵说话，只有司马迁不知从哪里来的胆量，为李陵辩白："皇上息怒，李将军必定是假投降，他日若有机会，必然会逃回我汉国，再度报效朝廷。倘若因李将军一时的权宜之计而惩罚他的家人，那么李将军恐怕真的就不会回来了！"

武帝一听这话，眼睛睁得大大的。

司马迁据理直言："李将军勇猛过人，这次出击，固然兵败，但以寡敌众，也让天下得以刮目相看。再说，李将军是因为身上的箭都射光了，援兵却迟迟不到，被逼得无路可走才投降的啊！"

称赞李陵，不就是在表彰降将的功劳？指责援兵不到，不就是在暗讽主帅的失职？司马迁批评主帅李广利，不就是在骂皇上用人不当？当司马迁说完后，许多人都为他捏了一把冷汗。

武帝果然听不进这些话："大胆司马迁！你这些话，是在批评李广利不会当主帅？"武帝的吼声震得屋梁嘎吱作响，"李广利是朕所任命的，岂容你在这里说三道四？来人哪，拿下！"

司马迁下狱后不久，以"诬罔罪"论处，被判处死刑。

依照大汉的律法，凡被判处死刑者，可有两种方式进行自赎：一是可用五十万钱赎免一死；要不然，就接受"腐刑"，以换得活命的机会。

所谓的"腐刑"，就是割去生殖器。对一个堂堂七尺之躯的男子来说，那是比死还要痛苦的刑罚。

在牢里，司马迁几度想自杀，但最后还是决定要活下去，实现生命的价值。他没有五十万钱可以赎身，只好接受"腐刑"。

天汉三年（公元前98年），司马迁四十八岁，从此成了"刑余之人"。

想起往事，司马迁不禁潸然泪下。

事实上，他与李陵只是泛泛之交，既没有共同志趣，也未曾一起做事。当年为李陵说话，只凭一个"义"字。

如今，与之交情胜过李陵几十倍的任少卿，请求他在武帝面前说几句话，他怎能不答应？若真的去说情，而皇上不接受，顶多是一死。然而，前一次不能死，这一次又怎么能死？

司马迁这么忍辱偷生，为的是什么？

为的是实现父亲的遗志；为的是自孔子编修《春秋》后的五百年来，至今还没有人做过的事；为的是给后世留下一部真正的古史。

如果他就这么死了，那跟九牛失掉一毛，跟一只蝼蛄或一只蚂蚁被踩死又有什么两样？

孔子说："当一个君子，就怕死后没留下名声。"

司马迁现在不能为任少卿死，是为了完成自己身上背负的历史使命，他要用这部史书来探究天理与人事之间的各种关系，通晓历朝历代兴亡的变化，来表达他个人独特的历史见解。

想到这里，多年来自己的孤独感，在狱中的困顿、遭受与宦官相同遭遇而无法诉说的痛苦、独自在历史中徘徊的寂寞……这些瞬间像潮水般涌来，几乎将司马迁淹没。

司马迁想明白以后，不再犹豫。他决定给任少卿好好回一封信，要把藏在心里的话都说出来。于是他提笔写道：

太史公牛马走，司马迁再拜言少卿足下……

所谓的"牛马走"，是掌管牛马的仆役。用这个词语可以表示自己的卑贱。然而司马迁在写这个词语的时候，牛马惶惶奔走的形象也紧紧地攫住了他。

既然朋友送他遗书，那么自己也该以遗书相赠。只不过，这封遗书不仅是写给任少卿的，也是写给后世的。

这一年是汉武帝征和二年，司马迁五十五岁，自知人生岁月已经无多，很多事情得说明白，因此借由这封《报任少卿书》，他向世人表明了自己的悲愤和著史的心志。

才刚提笔，往事历历在目。司马迁一怔，仿佛看到年轻时的自己。

三次长途游历

时光流转，回到从前。那个时候，司马迁的一切都很从容，尽管也曾四处奔走，但绝不似惶惶的牛马。

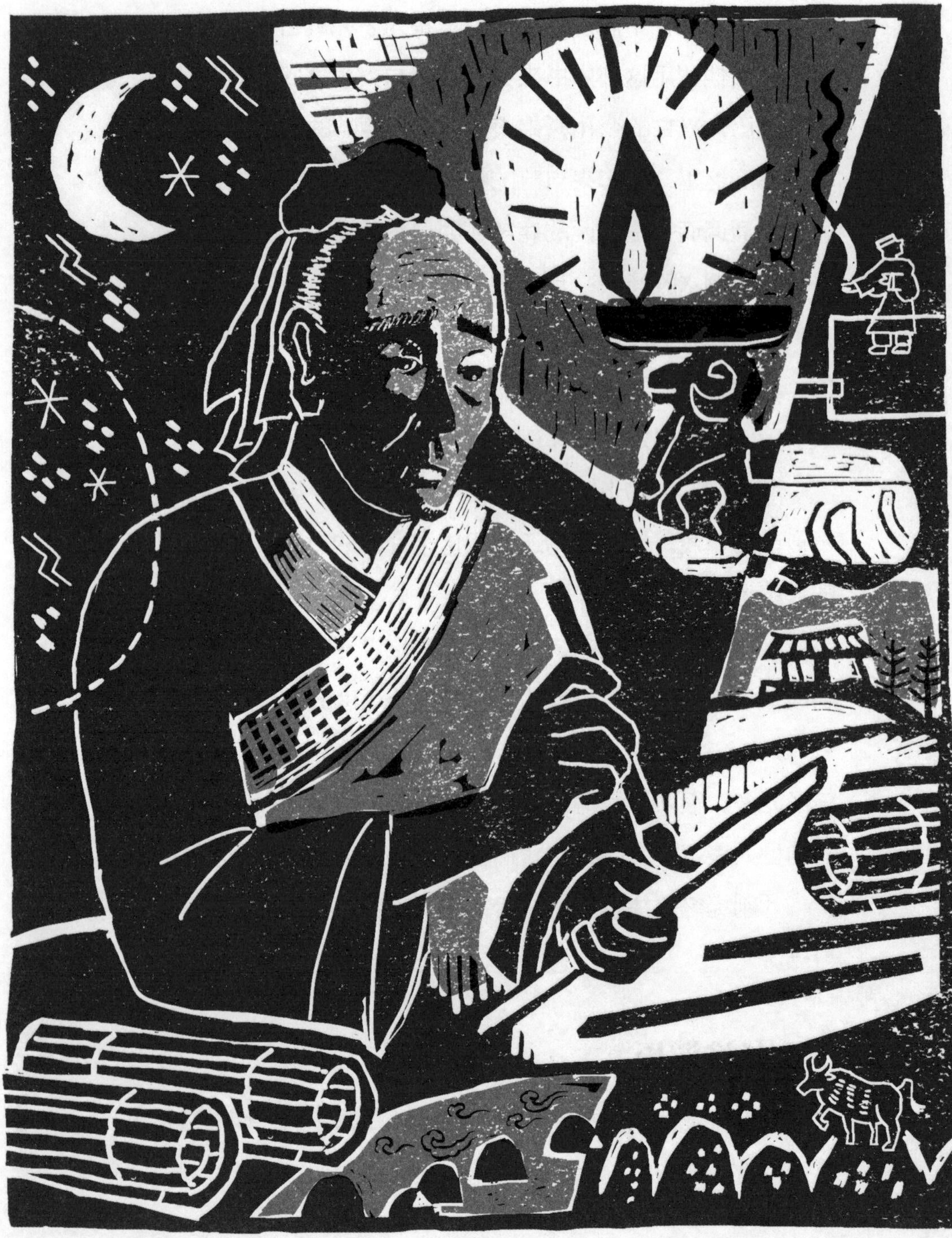

汉景帝中元五年（公元前145年），司马迁出生于龙门。

黄河以北，龙门山的南边，原野上的草浪随风摆动。小小的年纪，司马迁就帮家里种田，放牧牲口。

汉武帝建元元年（公元前140年），司马迁六岁，父亲司马谈受命到首都长安去担任太史，职掌天文和历法。全家人也陪同上任。

司马谈是汉武帝初期著名的学者。因为家学的缘故，司马迁十岁就能读古文；十二岁，跟孔安国读书；十四岁，拜董仲舒为师，读《春秋》。孔安国和董仲舒都是当时的大学者，儒家思想也因此在司马迁的生命里扎了根。

二十岁时，司马迁开始了生平的第一次长途游历，这也是一次为将来而做准备的壮游。

他从长安向东南方出发，在九疑山探访舜的遗迹。随后，北上长沙，在汨罗江畔凭吊投水自尽的屈原。在庐山，他得以一览大禹所疏浚的九江。

在吴、楚一带，司马迁登上会稽山，探访大禹的墓冢。回到吴地，又参观了春申君的宫室。春申君是战国时期的楚国公子，曾担任楚国的丞相。

到了临淄、曲阜，司马迁与人讨论学问，并观察孔子所留下的学风，在邹、峄两地学习乡射的礼仪。

接着往西走，去了汉高祖刘邦的家乡沛县和邻近的丰县。最后经过大梁、洛阳，回到长安。

这趟游历耗时两年，行程三万里。游历的目的是为了探访遗迹，搜集各地流传的逸闻。

在后来所写的《史记》里，司马迁经常提到这次壮游所探访的地方，说些自己的见闻，例如在《魏世家》中写道："我到旧大梁的城墟去，住在那里的人说：'秦国之所以能攻破大梁，是引河沟的水灌进城里，过了三个月，城毁了，魏王投降，魏国也就灭了。'"

又如他在《春申君列传》中提到："我到楚地参观过春申君的宅院，那房子真是壮观啊！"

元狩（shòu）五年（公元前118年），司马迁二十八岁，担任掌管宫廷侍卫的郎中，此后常有机会跟着武帝到各地出巡。

司马迁三十六岁那年，奉命出使巴、蜀以南，到过西南夷的邛（qióng）、笮（zé）和昆明等地。这是司马迁的第二次长途游历。

同年，他急着从西南边境赶回长安，因为武帝要到泰山举行封禅大典。经营西南夷的成就，是武帝要拿来当作祭告上天的项目之一。

武帝一生共进行过六次封禅。元封元年的这一次，是他首次举行封禅大典。

武帝一行人浩浩荡荡地从长安城朝东方出发，往泰山去。在泰山祭祀天神，接着往北方走，沿海岸到碣（jié）石，然后沿着北方边境向西到九原向上苍报告功绩后，再从九原回到离长安不远的甘泉。这是司马迁的第三次游历，走的是一条接近方形的路径，费时半年。

在这三次游历中，除了西边没去过，司马迁几乎跑遍了整个汉室天下。这些经验以及在旅途中所搜集的资料，让他对写作《史记》更有信心。他根据游历编写《史记》时，信手拈来便是佳作，人、事、物生动真实，跃然纸上。

不过，从泰山参加完封禅大典归来后，迎接司马迁的却是他父亲司马谈的病丧。

司马谈的遗言

元封元年，司马迁的父亲司马谈因为生病只得留在洛阳，无法跟随武帝到泰山去参加封禅大典。作为皇帝的太史却不能参与如此重要的盛事，这让司马谈相当郁闷，导致病情恶化。

司马迁在洛阳见到了父亲。

司马谈抓着儿子的手，流着泪说："我们司马家的祖先，在周朝是当太史的，后来没落了。难不成这份事业就要断送在我手里？迁儿，要是你能继任太史，那我们祖先的事业也就能得以延续了。这次我不能到泰山去参加天子的封禅大典，这是命！我若是死了，你一定会当太史。你若当上太史，千万不要忘记我一心期望完成的那部著作啊！

"所谓的孝，是光宗耀祖，让父母的声名显耀。"司马谈接着说起自己的志向："周朝从幽王、厉王以后，王道衰微，礼乐崩坏。是孔子编修旧有的文献典籍，振兴被废弃的礼乐和王道，整理《诗》《书》，并作《春秋》，现在的学者才能够有所依循。从鲁哀公捕获麒麟到现在，已有四百多年，在这期间，由于诸侯兼并，战乱频发，史籍散佚，记载中断。如今汉朝兴起，海内一统，对于明主贤君和忠臣义士，我作为太史却没能记载他们的事迹，这让我感到很不安。你可要谨记在心啊！"

司马迁流着泪，低着头说："儿子虽然不够聪敏，但一定努力完成父亲编史的计划，不敢有半点疏失。"

司马谈含笑点头，不久便过世了。

两年后，也就是元封三年（公元前108年），三十八岁的司马迁果然如父亲预期的那样，当上太史令。从此，他埋首在国家图书档案里，更加努力研究。

太初元年（公元前104年），司马迁四十二岁，参与"太初历"的制定。就在这一年，他开始动手写《史记》的定稿。而这一项前所未有的文化工程，终于进入成形的阶段！

宏伟的计划

就像一个时空旅行者，司马迁日日穿梭在时间里，往返于过去与现在。

作为一个立志写史的人，从父辈们的口中、从阅读中、从四处采访的访谈中，他早已对这些过往事迹烂熟于胸，但他面对的问题是：该如何呈现它们呢？

从黄帝到汉武帝，历时三千年，多少国家兴起，多少国家消匿，其中牵涉多少事、多少人，要怎么写才能让历史呈现出它原本的风貌？

过去的史书都自有一套表现形式，例如《春秋》和注解它的《左传》，是依年代的顺序来记载事情，称作"编年体"；又如

《国语》，是依不同的国家来记载事情，称作"国别体"。

这些表现手法都有它们各自的优点，却都不是司马迁最想采用的形式。

历史中的人物起起落落，有的雄霸天下，有的一生坎坷，有的奋不顾身只为完成朋友的一个交代。司马迁每每想起这些，就觉得"人"才是历史的中心。

司马迁沉思良久，决定用一种新的方式来写《史记》，以"人物"作为编写主体。这就是所谓的"纪传体"。

司马迁是中国古代历史上第一个使用"纪传体"来写历史的人，而《史记》被后世尊为"纪传体之祖"。

司马迁把历史人物分作三个层级，分别放在三个系列：帝王一类放在"本纪"；王侯、功臣、名相一类放在"世家"；有特别作为而不论出身，或是境外异族的，放在"列传"。

至于"表"的设计，是用来陈列大事所发生的时间，为方便浏览，分作世表、年表和月表。

而"书"这个体裁，是用来记载礼乐律历等文化制度方面的事。

本纪、表、书、世家、列传——司马迁就用这五种体例来进行《史记》的写作，规模宏大，却一点也不拘泥。

司马迁想起项羽。项羽神勇盖世，灭秦有功，但在楚汉相争中落败，自刎于乌江边。他虽无法成就一代帝业，但在楚汉相争前也曾号令天下，于是将其归在"本纪"。

司马迁又想起吕后。吕后固然是一位女性，但在汉高祖死后，实际掌权达十六年。尽管她大肆诛杀功臣和刘氏子孙，却还是有些利民的作为，因此也放在"本纪"。

还有，始皇帝能够兼并六国，一统天下，绝非偶然，实归功于先祖所奠定的帝业基础。所以，把秦始皇的先祖列在"本纪"里，写他们的事迹，叫作《秦本纪》。

而孔子生长在乱世，一介平民却能做到诸侯所做不到的事（没有王者之位，却有王者的风范），后世尊称其为"至圣"和"素王"，所以列在"世家"。

陈涉也是平民，然而在秦朝末年，他与吴广等人揭竿起义，对各路英雄推翻暴秦具有莫大的号召力，也该列在"世家"。

世人轻贱的弄臣、商人等，却也有他们特立独行之处，在历史上也该有属于他们的位置，故写在"列传"。

至于"列传"的最后一篇，名为《太史公自序》，司马迁述说了自己为什么要写这样一部史书，以及对这部史书有什么样的规划。

就《史记》整体的设计来说，还有个地方不能遗漏，那就是在每篇史传后头都附上一段评论或补充说明，叫作"太史公曰"。后人若想知道司马迁对史事的评价，就请读读"太史公曰"。

司马迁按照自己拟订的计划，逐篇撰写。

砍竹，削竹，制作竹片，用毛笔在竹片上写定文字，再用细绳加以编次成为简册。这样的写作过程不仅耗费精神，也耗费体力，但司马迁不以为意。

每当他伏案工作，追溯历史人物的事迹，总会投入得忘记疲惫。

从太初元年一直写到天汉二年，从四十二岁一直写到四十七岁。眼看制成的简册愈积愈多，司马迁有说不出的欣慰。但此时发生了李陵投降匈奴的事件，司马迁为平素并无交情的李陵说了几句公道话，却差点儿因此而死。

伟大与卑贱

想起自己被关在大牢里的那段日子，司马迁仿佛还能闻到牢里弥漫的粪味、尿味，以及一些说不上来的怪气味。

那时，他蹲在大牢阴暗的角落，心头也被一层厚厚的阴影所笼罩。怀着气愤与羞愧，他下了决心：既然遭受到如此奇耻大辱，为了维护尊严，那就自行了断吧！

然而司马迁才刚心生结束生命的念头，他马上就想到了父亲。自己这一死，到了九泉之下有什么脸面见父亲？

父亲是如此渴望在这个世上能有一部继《春秋》之后的历史巨著，父亲在临终前说的话是那么恳切，要他谨记在心，难道他全忘了？自己岂能辜负父亲交予的责任？

司马迁长叹几声，终于打消了寻死的念头。

死很容易，而忍着莫大的耻辱活下去，才是最困难的。

想要活下去，就得接受"腐刑"。这种刑罚的用意就在于羞辱你，让你生不如死！普通的男子都无法忍受这种羞辱，更何况司马迁还是个在朝为官的士大夫！

为了肩上这个未了的责任，司马迁在"生"与"死"间，选择了最艰难的那条路来走。

受刑过后，司马迁从昏厥中醒来，躺在床上，两眼只是发愣，泪水扑簌簌地从眼角流下来。自己的身躯再也不是正常的身躯，他堂堂一名史官，也等同于那些身体残缺的宦官了。

司马迁怀着巨大的伤痛，隐忍过活。两年后，有件事意外地发生了——武帝竟然任命他当中书令。

中书令相当于皇室的机要秘书，专门在皇帝身边帮忙处理文件。很多人以为司马迁再次得宠，事实上，武帝这样做只是爱惜他的文才而已。

征和二年，任少卿因"巫蛊之祸"被治罪，写信来向他求助。

司马迁很无奈：任少卿也和其他人一样，误以为自己能影响皇上的想法。但这不是事实，任少卿真是错得离谱！有些事情得说清楚，不仅是说给任少卿听，也是说给后人记取。基于此，司马迁心绪复杂地写下了著名的《报任少卿书》：

少卿，早该给你回信，无奈事多繁忙，我们彼此能见面的日子愈来愈少。如今你身获不测之罪，再过一个月就是肃杀的冬季，我又要随皇上到雍地去，转瞬之间恐怕就是永别。我若不向你诉说心中的苦闷，势必遗憾终生，而你在九泉之下也会抱恨无穷。这么久才给你回信，请你务必见谅！……

人生最大的耻辱莫过于遭受宫刑。受过宫刑的人，别人都不愿意与他比肩为伍，这并不是一朝一代的事。以前的卫灵公和宦官雍渠同车，坐在后面一辆车的孔子引以为耻，便离开卫国到陈国去；商鞅因宦官景监的引见而受到秦孝公的赏识，孝公的臣子赵良为此感到惶恐不安；宦官赵谈为汉文帝驾车，袁盎上前怒谏，请赵谈下车。自古以来，没有人瞧得起宦官。任何事只要和宦官有关，一般人就会感到气馁，更何况是那些慷慨激昂的人！就算朝廷今天缺乏人才，又怎么能够让一个受过宫刑的人来为朝廷荐举天下的豪杰呢？……

过去，我也曾厕身于下大夫的行列，在外廷发表一些微不足道的议论。在那个时候，我没有为国家伸张法度，尽一份心思。如今身体残缺而成为一个扫地的仆役，身处下贱的地位，想叫我抬头扬眉，评论是非，不也太轻视朝廷，并羞辱当今的士子吗？唉！唉！像我这样一个人，有什么好说的呢？……

当时，我陈述李陵的功劳，想用这个说法打开皇上的胸襟，以杜绝那些伤害李陵的言辞。可能是我没把话说明白，皇上也没进一步深究，以为我是在诋毁他派去的将军，为李陵游说，就把我交给了司法部门。我满腔的忠心终究没有表白的机会，由于"欺君罔上"的罪名，皇上最后同意了法官的判决……

人总有一死，但有些人死得比泰山还重，有些人死得比羽毛还轻，这是因为死的作用有所不同……

一个人不能在受法律制裁之前就自我了断，这已经有点卑屈，等到鞭子、木棍加身，才要为了气节而自裁，那不是更差劲？……

我虽然软弱，想要苟且偷生，却也知道什么该做、什么不该做的分寸，怎么会让自己陷在牢里而受这种莫大的侮辱？那些做奴仆婢妾的还知道为名节而死，更何况我置身这样一个无奈的情况。我之所以默默地忍受下来，贪恋这条性命，是因为心里有个愿望还没有完成，怕平庸卑微地死去，却没有把所写的文章流传给后世……

左丘明双目失明，孙膑被挖去了膝盖骨，终生都不能为世所用，于是退下来写书，想借由文章的流传来表白自己，抒发胸中的郁闷。我不自量力，这几年凭着笨拙的言辞，网罗了天下散佚的旧说遗闻，考察这些事迹，研究其中成败兴衰的道理。上自黄帝，下至当今，写成表十篇、本纪十二篇、书八篇、世家三十篇、列传七十篇，共一百三十篇。我打算借此探究天理与人事的关系，通晓从古到今的变化，成一家之言。初稿还没完成，就遇到那场灾祸。我痛惜这部书还没有写成，因此面不改色地接受了残酷的刑罚……

背负着污名，就难以立足；地位卑下，就会经常被毁谤议论。我由于口头上的言语而遭受这场灾祸，深深地被乡里的人讥笑，污辱了先人，又有什么脸面上父母的坟前祭拜？就算经过百代，这种耻辱也是有增无减的。我心里纠结得很，在家里恍恍惚惚的，像丢失了什么东西；出门在外又不知道该往哪里去。每当想到这种耻辱，背上没有不发汗的，以致衣服都湿了。我简直成了宦官者流，哪有资格到深山去隐居？所以我只好随波逐流，跟着时代浮沉，好让自己别那么难过。如今少卿教我要"推贤进士"，不就跟我心里想的恰恰相反吗？就算我想美化自己，用漂亮的言辞来为自己开脱，那也是于事无补。一般人都不会相信，反而是我自取其辱罢了。总而言之，只有等我死了之后，谁是谁非才会有个定论！……

生命的定论

任少卿被腰斩后没几年，司马迁也过世了。

他的《史记》在汉宣帝以后渐渐流传开来，在每个时代都被传抄、刊行。百代之后，已不知有多少人为此书痴迷，或感叹，或流泪。

司马迁说的没错，人死之后，是非才会有定论，而司马迁这个人的生命定论就是：他忍辱负重，最终践行了自己生命的价值。

太史公牛马走！

太史公司马迁曾经抱着莫大的耻辱和无比的憾恨，卑贱地活在这个世上，只为了实现一个伟大的愿望。他的事迹给后人带来相当大的鼓舞，让人们都知道：有形的生命固然会受到损害，无形的生命却能存之长久。

在中国古代，《史记》是二十四史当中唯一的私修正史，也是写得最好的一部史书，影响非常深远。

南宋史学家郑樵说："百代以来，史官不能变更它的法则，而学者不能舍弃不读的，在六经以后，只有这部书。"

三分钟读历史关键

人都有他的"历史性"，对一个史家来说，更是如此。

司马迁受父亲司马谈的影响，很早就拥有历史意识，晓得自己该以什么来安身立命，那就是写一部堪比《春秋》的历史巨著。为了实现这个梦想，司马迁很早就开始做准备，他在自己二十岁时的首次壮游尤其值得大书特书。

这是一个非常明确而壮阔的生命计划，但"计划赶不上变化"，在四十八岁那年，司马迁因李陵案而受牵连，从此成为"刑余之人"。所谓"士可杀，不可辱"，而司马迁忍辱负重，苟活于世，为的就是完成《史记》。

生命的残缺让司马迁体会更多。当我们阅读《史记》时，会发现很多篇章都寄托了司马迁的情感和意志。历史因这种寄托而不再枯燥，而对历史人物的评说也因此被赋予了不凡的意义。

史记原典精选

太史公遭李陵之祸，幽于缧绁❶。乃喟然而叹曰："是余❷之罪也夫！是余之罪也夫！身毁不用矣。"退而深惟曰："夫诗书隐约❸者，欲遂❹其志之思也。昔西伯拘❺羑里，演周易；孔子戹❻陈、蔡，作春秋；屈原放逐，著离骚；左丘失明，厥❼有国语；孙子膑脚❽，而论兵法；不韦迁蜀，世传吕览；韩非囚秦，说难、孤愤；诗三百篇，大抵贤圣发愤之所为作也。此人皆意有所郁结，不得通⑨其道也，故述往事，思来者。"于是卒⑩述陶唐以来，至于麟止，自黄帝始。

《史记·太史公自序》

太史公因李陵案遭祸，被关在牢里。于是感叹说："我的罪过啊！我的罪过啊！身体毁坏，不能用了！"转念一想，说："《诗》《书》言辞简略但意义深远，这是因为要表达作者心中的思虑。以前周朝的周文王被商纣扣押在羑里，因此推衍出一套《周易》；孔子被困在陈国与蔡国之间，后来编写《春秋》；屈原遭到放逐，作了《离骚》；左丘明失明，于是有了《国语》；孙膑被挖去了膝盖骨，而论述兵法；吕不韦被流放到蜀地，世上才流传《吕氏春秋》；韩非被囚禁在秦国，写了《说难》和《孤愤》；《诗》三百篇，大部分是圣哲贤人发愤而作的。这些人都是心中聚集郁闷忧愁，理想主张不得实现，所以才追述往事，思考未来。"于是撰述陶唐帝尧以来的事迹，从黄帝开始，直到汉武帝猎获白麟为止。

【注释】❶幽于缧（léi）绁（xiè）：囚禁在监牢里。幽，囚禁；缧绁，古代用来捆绑犯人的黑色大绳索，比喻为监狱。❷余：我。❸隐约：意义深远而言辞简略。❹遂：通达。❺拘：扣押。❻戹（è）：同"厄"，困厄。❼厥：于是。❽膑脚：挖去了膝盖

骨。又叫作"髌刑"。⑨通：通畅地表达。⑩卒：终于。

词语收藏夹

一、仗义执言：秉持正义，说公道话。

例句　我被冤枉后，只有小高为我仗义执言，其他同学都闷不吭声。

二、忍辱偷生：忍受耻辱，只求活命。

例句　革命烈士们宁愿为正义牺牲，也不愿忍辱偷生，背弃革命信仰。

三、一家之言：自成体系的学说或言论。

例句　这本书体系完备，思虑深远，自成一家之言。

■ 后记

历史中的"生命档案"
——我为什么写《少年读史记》

坊间已有不少为年轻朋友编写的《史记》故事。尽管如此，把《史记》故事再讲一遍，仍有其价值。这是因为历史人物的行迹，在后人不同的观点中总有不同的诠释。

这套《少年读史记》共五册，精选《史记》里的人物故事来加以编写，合计六十篇。写司马迁的《太史公牛马走》放在系列第一册，一方面借此交代《史记》的成书经过，一方面表示对司马迁的尊崇。

这套《少年读史记》的铸成，不同于坊间其他类似的出版品。它的特色反映在它的体例：

一、人物故事：借鉴现代文学的表现手法，着重描述人物的心理和行为的意义，并视情况略加诠释和延伸，让原文主旨更明显。有单传、有合传，故事经过精心整编，择要去繁，更适合现代读者的阅读口味。遇有原著明显讹误，皆依《左传》《汉书》等予以订正，为省繁赘，不另注释。

二、三分钟读历史关键：以文学、史学、哲学、心理学、管理学等各种角度来对人物和事件进行诠释，务求精到。

三、史记原典精选：仿照《古文观止》，呈现与人物故事相关的《史记》原文片段，附上详尽的白话译文和简要的注释；所选的片段都是《史记》精华，可以借此管窥全豹，亦可作为教学之用。

四、词语收藏夹：罗列多个与人物故事相关的词语，除了解释，还有例句以供参考。

除此之外，在行文中还标上了公元纪年，并附有相关图表。

我在大学时代深爱《史记》，常读此书而不能罢手，某夜在读《史记》时竟还流泪。对我来说，太史公在《史记》中所记载的那些事迹，不仅是故事，更是历史中的"生命档案"。借由这些"生命档案"，我对"人"有了许多发现，眼界因此开阔不少。

如今为了写《少年读史记》而重读这部史学名著，年岁已长，感动依旧。由于这许多年来的心路曲折，我更能体会这些"生命档案"的内涵，也更加敬佩司马迁的非凡意志。

我在编写这套书时参考了许多学者的著作，翻译部分有：龙宇纯等著《白话史记》（联经出版社）、韩兆琦著《史记精讲》（中国青年出版社）、韩兆琦著《史记选注》（里仁书局）、许嘉璐主编《二十四史全译·史记分册》（汉语大词典出版社）和吴树平主编《史记》（新世界出版社）。其他学者的作品虽然不能如数列出，心中仍存万分感激之意。舍弟购赠参考书籍若干，一并致谢。

当年在台湾大学中文系求学时，担任《史记》课程的夏长朴老师对我多有启发；就读中正大学中文研究所时，历史所的卢建荣老师又教我许多史学新观念，自此以后十数年莫不承卢老师教诲。在这两所学校读书时，宋有炯先生、江政宽先生、周忠泉先生及陈怡得先生等学历史的友人，也教会我许多读史的方法。

　　回忆往事，长存感念。谨以这套与历史相关的作品，献给这两位好老师和这些好朋友。

张嘉骅

故事取材

- 《谁是接班人？》，取材自《史记·五帝本纪》。
- 《帝王之路》，取材自《史记·五帝本纪》《史记·夏本纪》。
- 《不能不打的仗》，取材自《史记·殷本纪》《史记·周本纪》。
- 《一个被曲解的忠臣》，取材自《史记·周本纪》《史记·鲁周公世家》。
- 《遥远的仙山》，取材自《史记·秦始皇本纪》。
- 《彼可取而代也！》，取材自《史记·项羽本纪》。
- 《一场错过未来的宴会》，取材自《史记·项羽本纪》《史记·高祖本纪》。
- 《英雄末日》，取材自《史记·项羽本纪》《史记·高祖本纪》。
- 《猛将难寻》，取材自《史记·高祖本纪》《史记·项羽本纪》《史记·萧相国世家》《史记·留侯世家》《史

记·陈丞相世家》《史记·淮阴侯列传》。

◆《"人彘"的制造者》，取材自《史记·吕太后本纪》《史记·高祖本纪》《史记·外戚世家》。

◆《一个帝王的欲求》，取材自《孝武本纪》《封禅书》《平准书》《外戚世家》《李将军列传》《匈奴列传》《卫将军骠骑列传》《汲郑列传》《儒林列传》《酷吏列传》《大宛列传》《滑稽列传》（以上《史记》），《武帝本纪》《食货志》《郊祀志》上下卷，《汲黯传》《李陵传》《张骞传》《西域传》《外戚传》（以上《汉书》）。

◆《太史公牛马走》，取材自《史记·太史公自序》《汉书·司马迁传·报任少卿书》。

图书在版编目（CIP）数据

帝王之路 / 张嘉骅编著.—青岛:青岛出版社，2015.1
（少年读史记）
ISBN 978-7-5552-1456-4

Ⅰ.①帝… Ⅱ.①张… Ⅲ.①中国历史 – 古代史 – 纪传体 – 少年读物
Ⅳ.①K204.2-49

中国版本图书馆CIP数据核字（2015）第002261号

书名 / 帝王之路　　张嘉骅 编著　　郑慧荷 绘图
本书由台湾远见天下文化出版股份有限公司授权出版，限中国大陆地区发行。
山东省版权局著作权合同登记号：图15-2014-281号

SHAONIAN DU SHIJI：DIWANG ZHI LU

书　　名	少年读史记：帝王之路
编　　著	张嘉骅
绘　　图	郑慧荷
出版发行	青岛出版社（青岛市崂山区海尔路182号，266061）
本社网址	http://www.qdpub.com
邮购电话	0532-68068091
责任编辑	王龙华　王世锋
特约编辑	丰雅楠
封面设计	咸青华
版式设计	滕　乐
制　　版	青岛乐喜力科技发展有限公司
印　　刷	青岛乐喜力科技发展有限公司
出版日期	2015年2月第1版　2025年6月第67次印刷
开　　本	16开（710 mm × 1000 mm）
印　　张	12.5
字　　数	250千
书　　号	ISBN 978-7-5552-1456-4
定　　价	29.80元

编校印装质量、盗版监督服务电话：4006532017　0532-68068050
印刷厂服务电话 15376702107
本书建议陈列类别：儿童读物